ドイツ語トライアングル

やさしい中級テキスト 9 章

荻原　耕平
畠山　寛
高本　教之

同 学 社

ドイツ語圏地図

ドイツ連邦共和国
Bundesrepublik Deutschland

首都：ベルリン
面積：357,376 km^2
人口：8,461 万人

オーストリア共和国
Republik Österreich

首都：ウィーン
面積：83,879 km^2
人口：910 万人

スイス連邦
Schweizerische Eidgenossenschaft
（通称：die Schweiz）
首都：ベルン
面積：41,285 km^2
人口：882 万人

（参考）
日本の面積：377,972 km^2
日本の人口：1 億 2444 万人

はじめに

　この教科書は、初級文法をひととおり終えた学習者のための文法読本です。
　本書では、はじめから中級の語学力は必要ではありません。まずは初級の内容の復習から始まり、最終的に中級の力が身に着くことを目指しています。

＜構成＞
① 「テキスト」、「文法ノート」（文法項目の解説）、「文法チェック」（文法項目の練習）による3部構成。

② 「文法ノート」で扱えなかった文法項目や、初級での学習範囲のうち、ぜひとも確認・復習してほしい項目について、必要に応じて「文法メモ」のコーナーを設けた。

＜テキスト＞
① テキストはドイツ語圏の「文化」、「社会」、「文学（ことば）」の3分野に関するものを用意した。

② テキストを難易度順に配置することにより、初級から中級へ段階的にレベルアップできるように配慮した。

　本書は、構造的にもテキストの内容においても3つの要素から成り立っています。そして、3つの要素が有機的に結びつき、トライアングル（3角形）を構成することで、効果的に語学力が向上するように工夫しました。
　ドイツ語のテキストを読む作業を通じて、語学力のレベルアップとともに、大学生にふさわしい知識と、自分で「調べ」、「考える」習慣もぜひ身に着けてください。そのためにこの『ドイツ語トライアングル』が役立てば、とてもうれしいです。

2018年春　編著者

〈録音について〉
🎧がある箇所には、ネイティブスピーカーによる録音があります。同学社のホームページ（http://www.dogakusha.co.jp/06982_onsei.html）からダウンロードできます。

目次

◎ ドイツ語圏地図　　……　2

◎ はじめに　　　　　　……　3

| Lektion 1 | *Brot* *Wurst* *Döner Kebab* | 6 |

◎不規則変化する動詞　◎形容詞の語尾変化　◎形容詞の名詞化

| Lektion 2 | *Herr Böse und Herr Streit* | 13 |

◎過去形　◎未来・推量の助動詞 werden　◎従属接続詞

文法メモ　■語順　■並列接続詞

| Lektion 3 | *Berlin – Eine wunderbare Stadt* | 19 |

◎再帰動詞　◎分離動詞　◎接続法第 2 式

文法メモ　■枠（ワク）構造

| Lektion 4 | *Der süße Brei* | 25 |

◎指示代名詞　◎命令形

文法メモ　■否定文　■相関的な接続詞

| Lektion 5 | *Wiener Kaffeehauskultur* | 31 |

◎関係代名詞　◎現在完了形（1）

文法メモ　■動詞の 3 基本形

| Lektion 6 | *Abschlussprüfung*
Verdammt heiß hier unten! | **37** |

◎現在完了形（2）　◎zu 不定詞（1）　◎過去分詞の用法

文法メモ　■非人称の es　■日時、季節などの表現に用いる前置詞

| Lektion 7 | *Kurze Geschichte der Sonntagsruhe* | **43** |

◎話法の助動詞　◎受動文

文法メモ　■不定関係代名詞　■合成語

| Lektion 8 | *Geschichte der Gastarbeiter*
Menschen mit Migrationshintergrund | **49** |

◎形容詞の比較表現　◎zu 不定詞（2）

文法メモ　■ da(r)＋前置詞　■ wo(r)＋前置詞
■前置詞とともに用いられる動詞・形容詞

| Lektion 9 | *Vom deutschen Stil* | **55** |

◎定冠詞類　◎不定冠詞類　◎現在分詞の用法

付録

◎数字（基数／序数／年号の読み方）　…… 60

◎文法表　　　　　　　　　　　　　　 …… 62

◎おもな不規則動詞の変化表　　　　　 …… 66

Lektion 1

「食」は文化の欠かせない一部です。まずはドイツ人の主食であるパンについてテキストを読みましょう。

Brot

Die Deutschen lieben Brot. Jedes Jahr essen sie im Durchschnitt 82 Kilogramm Brot. Es gibt etwa 300 Brotsorten, das Angebot ist also sehr groß. Man unterscheidet sie nach den Zutaten, wie zum Beispiel Weizenbrot, Roggenbrot und Mischbrot. Eine andere traditionelle Brotsorte ist das Schwarzbrot.

Morgens essen die Deutschen gern Brötchen. Es ist ein Brot in kleiner Form. Man kann frische Brötchen beim Bäcker um die Ecke kaufen. Brot und Brötchen isst man gern mit Marmelade oder Honig, und auch mit Wurst oder Käse.

複 Brotsorten ＜ Brot+Sorte / 中 Weizenbrot: 小麦パン / 中 Roggenbrot: ライ麦パン / 中 Mischbrot: ミッシュブロート（ライ麦と小麦の混合パン） / um die Ecke: すぐ近所の

品ぞろえが豊富なドイツのパン屋

ブレートヒェン

ドイツ伝統の黒パン

Lektion 1

ドイツの「食」といえば、ソーセージは欠かせません。さらにトルコ発祥のケバブもファストフードの代表として定着しています。

Wurst

Deutschland ist ein Wurstparadies! Und die meisten Deutschen lieben Wurst. Die Auswahl ist entsprechend riesig: es gibt ungefähr 1.500 verschiedene Wurstsorten in Deutschland. Im Supermarkt werden etwa 90 Sorten angeboten. Im Durchschnitt isst jeder Deutsche im Jahr rund 30 Kilogramm Wurst, das ist etwa die Hälfte des Fleischkonsums pro Kopf. Für Würste wird überwiegend Schweinefleisch verwendet. Man findet aber auch Wurst aus Geflügel-, Rind-, oder Lammfleisch. Und auch für Vegetarier gibt es Wurst – etwa aus Tofu.

中 Wurstparadies ＜ Wurst+Paradies / 女 Auswahl: 品数 / 複 Wurstsorten ＜ Wurst+Sorte / 男 Fleischkonsum ＜ Fleisch+Konsum / überwiegend: 主に / 中 Schweinefleisch: 豚肉 / 中 Geflügelfleisch: 鳥肉 / 中 Rindfleisch: 牛肉 / 中 Lammfleisch: 子羊の肉

Döner Kebab

Der Döner Kebab ist das beliebteste Schnellgericht der Deutschen. Er kommt aber aus der Türkei. Er besteht aus Fladenbrot gefüllt mit Fleisch vom Grill, Zwiebeln, Salat und Soßen. Man verwendet Hammel-, Lamm- oder Rindfleisch, oder manchmal auch Geflügel. Aus religiösen Gründen wird der Döner nicht mit Schweinefleisch gemacht. Der Döner verbreitete sich zu Beginn der 1970er Jahre in ganz Deutschland. Und eigentlich mag ihn jeder.

男 Döner Kebab: ドネルケバブ / beliebtest ＜ beliebt / 中 Schnellgericht: ファストフード / 中 Fladenbrot: 平たいパン（フラットブレッド）/ gefüllt ＜ füllen の過去分詞 / 男 Grill:（回転式の）肉焼き器 / 中 Hammelfleisch: 羊肉 / zu Beginn ... : …の初めに

Lektion 1

1. 本文中の定形の動詞に下線を引きなさい。主語は ◯ で囲みなさい。

2. 本文から不規則変化している動詞を抜き出し、不定形を書きなさい。

不規則変化している動詞	不定形
gibt	geben

3. 本文中の＜前置詞＞および＜前置詞と定冠詞の融合形＞を ☐ で囲み、何格を支配しているか確認しなさい。

ソーセージとザウアークラウト

ケバブサンド

ドネルケバブ

— 8 —

Lektion 1

4 本文から語尾が付いている形容詞を抜き出しなさい。

例） ande<u>re</u>

5 本文から数字を抜き出し、読み方をドイツ語で書きなさい。（年号は除く）

◎ドイツの水事情

　ドイツでも水道水（Leitungswasser）は厳重に管理されているので、安全に飲むことができます。にもかかわらず、ドイツ人はミネラルウォーターを買うことが多いようです。とくに人気があるのが炭酸水（Wasser mit Gas/Kohlensäure）です。レストランなどで炭酸の入っていない水が欲しい場合は、無炭酸の水（Wasser ohne Gas/Kohlensäure）を注文する必要があります。なおレストランやカフェでは、通常、日本とは異なり、水のサービスはありません。要注意です。

文法ノート

◎不規則変化する動詞

主語が2人称単数（du）、3人称単数（er/sie/es）のときに、幹母音が変化する動詞があります。

fahren 型（a → ä）
例）fahren（乗り物で行く）　:　du fährst　　er fährt
schlafen（眠る）　:　du schläfst　　er schläft

sprechen 型（e → i）
例）sprechen（話す）　:　du sprichst　　er spricht
essen（食べる）　:　du isst　　er isst

sehen 型（e → ie）
例）sehen（見る）　:　du siehst　　er sieht
lesen（読む）　:　du liest　　er liest

◎形容詞の語尾変化

形容詞は名詞の前に置かれるとき（＝付加語的用法）、語尾がつきます。
・形容詞の語尾は、後ろにくる名詞の＜性＞＜数＞＜格＞などに合わせて変化します。

Dieser *rote* Rock gefällt mir sehr gut.（rot）　　私はこの赤いスカートがとても気に入っている。
Er trägt oft einen *schwarzen* Anzug.（schwarz）　　彼はよく黒いスーツを着ている。
Sie hat *lange* Haare.（lang）　　彼女は長い髪をしている。

◎形容詞の名詞化

形容詞は、頭文字を大文字書きにして語尾をつけると、名詞として使うことができます。

男性名詞、女性名詞、複数形にすると　　→　　〜のひと（たち）
中性名詞にすると　　　　　　　　　　→　　〜なもの・こと

Ein Deutscher kommt heute zu uns.　　あるドイツ人が（男 1 格）今日私たちのところに来ます。
Die Deutsche wohnt jetzt in Kobe.　　そのドイツ人は（女 1 格）いま神戸に住んでいます。
Er geht mit *einer Deutschen* ins Kino.　　彼はあるドイツ人（女 3 格）と映画を見に行きます。
Wann kommen *die Deutschen*?　　そのドイツ人たちは（複 1 格）いつ来ますか？

・中性名詞として使う場合は、etwas（何かあるもの）、nichts（何も…ない）、alles（すべてのもの）などとともによく用いられます。

Gibt es etwas *Neues*?　　何か新しいことは（中 4 格）ありますか？
Hier gibt es nichts *Interessantes*.　　ここには面白いことは（中 4 格）何もない。

— 10 —

文法チェック

① （　　）の動詞を適切な形に直して、点線部に入れなさい。

① Er _____ morgen nach Osaka.　　　　　（fahren）

② Dieses blaue Hemd _____ mir sehr.　　　　　（gefallen）

③ _____ du mir bei den Hausaufgaben?　　　　　（helfen）

④ Barbara _____ gern Schokolade.　　　　　（essen）

⑤ Er _____ oft Kriminalfilme.　　　　　（sehen）

⑥ Was für ein Buch _____ du jetzt?　　　　　（lesen）

② 形容詞に注意しながら、次の文章を日本語に訳しなさい。

① Sein neues Fahrrad ist toll.

② Ich möchte einen schwarzen Kaffee.

③ Hörst du gern klassische Musik?

④ Schönes Wochenende! — Danke, gleichfalls!

⑤ Unsere Wohnung liegt im zweiten Stock.

⑥ Der Deutsche arbeitet jetzt in Kyoto.

⑦ Wir besuchen heute unsere Verwandten.

⑧ Ich möchte etwas Warmes trinken.

③ ドイツ語に訳しなさい。

① 私の父はたいてい（meistens）10 時間（囡 Stunde）寝ます。

② 君は何にするの（nehmen）？ ― 私はカレーソーセージ（囡 Currywurst）にします。

③ マコトはドイツ語の（deutsch）辞書（囲 Wörterbuch）を買う（kaufen）。

④ 私は毎朝（jeden Morgen）新鮮な（frisch）牛乳（囡 Milch; 無冠詞で）を飲む。

— 11 —

◎ドイツの食べ物・飲み物

シュニッツェル

アイスバイン

ソーセージを売る屋台

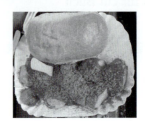
ベルリン名物「カレーソーセージ」

ケーキ屋の店頭①

ケーキ屋の店頭②

外で飲むビールは最高！

缶ビールの値段にびっくり！

Lektion 2

物語のドイツ語を読んでみよう。登場人物は Böse 氏と Streit 氏の 2 人です。

Herr Böse und Herr Streit

 Es war einmal ein großer Apfelbaum. Der Baum stand genau auf der Grenze zwischen zwei Gärten. Und der eine Garten gehörte Herrn Böse und der andere Herrn Streit.

 Als im Oktober die Äpfel reif wurden, holte Herr Böse mitten in der Nacht seine Leiter aus dem Keller und stieg heimlich und leise auf den Baum und pflückte alle Äpfel ab.

 Als Herr Streit am nächsten Tag ernten wollte, war kein einziger Apfel mehr am Baum. „Warte!" sagte Herr Streit, „Dir werd ich's heimzahlen."

 Und im nächsten Jahr pflückte Herr Streit die Äpfel schon im September ab, obwohl sie noch gar nicht reif waren. „Warte!" sagte Herr Böse, „Dir werd ich's heimzahlen."

Es war einmal ... : 昔々…（物語の書き出しで）/ der andere = der andere Garten / ab|pflücken: 摘み取る / ernten: 収穫する / kein ... mehr: もうひとつも…ない / werd = werde / ich's = ich es / heim|zahlen: …[3]に…[4]の仕返しをする

Lektion 2

前のページからの続きです。物語やメルヘンでは繰り返しが多いので、読みやすいでしょう。

Und im nächsten Jahr pflückte Herr Böse die Äpfel schon im August, obwohl sie noch ganz grün und hart waren. „Warte!" sagte Herr Streit, „Dir werd ich's heimzahlen."

Und im nächsten Jahr pflückte Herr Streit die Äpfel schon im Juli, obwohl sie noch ganz grün und hart und sooo klein waren. „Warte!" sagte Herr Böse, „Dir werd ich's heimzahlen."

Und im nächsten Jahr pflückte Herr Böse die Äpfel schon im Juni, obwohl sie noch so klein wie Rosinen waren. „Warte!" sagte Herr Streit, „Dir werd ich's heimzahlen."

Und im nächsten Jahr schlug Herr Streit im Mai alle Blüten ab, sodass der Baum überhaupt keine Früchte mehr trug. „Warte!" sagte Herr Böse, „Dir werd ich's heimzahlen."

Und im nächsten Jahr im April schlug Herr Böse den Baum mit einer Axt um. „So", sagte Herr Böse, „jetzt hat Herr Streit seine Strafe." Von da ab trafen sie sich häufiger im Laden beim Äpfelkaufen.

囡 Rosine: 干しブドウ / ab|schlagen: 叩き落とす / um|schlagen: 切り倒す / von da ab: それ以来

Lektion 2

1　本文から不規則変化している過去形の動詞を抜き出し、不定形を書きなさい。

不規則変化している動詞	不定形
war / waren	sein

2　本文中の従属接続詞で始まる副文を ［　　］ でくくりなさい。

3　本文中の次の形容詞・副詞の対義語を調べなさい。

leise ⇔

hart ⇔

klein ⇔

häufig ⇔

4　月の名前を 12 個すべて書きなさい。（定冠詞をつけて）

文法ノート

◎過去形

過去人称変化 ⇒ 過去基本形＋過去形の語尾

過去基本形→	lernte	war	hatte	wurde
ich	lernte	war	hatte	wurde
du	lernte-**st**	war-**st**	hatte-**st**	wurde-**st**
er/sie/es	lernte	war	hatte	wurde
wir	lernte-**n**	war-**en**	hatte-**n**	wurde-**n**
ihr	lernte-**t**	war-**t**	hatte-**t**	wurde-**t**
sie	lernte-**n**	war-**en**	hatte-**n**	wurde-**n**
Sie	lernte-**n**	war-**en**	hatte-**n**	wurde-**n**

Er *hatte* eine Katze. 彼は猫を飼っていた。

Barbara *studierte* Jura und Philosophie. バルバラは法学と哲学を専攻した。

Seine Tochter *wurde* Lehrerin. 彼の娘は先生になった。

◎未来・推量の助動詞 werden

werden ＋動詞の不定形（文末）

Heute *werde* ich dieses Buch *lesen*. 今日こそこの本を読もう。（1人称：意志）

Du *wirst* gleich ins Bett *gehen*. 君はすぐに寝なさい。（2人称：命令）

Er *wird* wohl zu Hause *sein*. 彼はたぶん家にいるでしょう。（3人称：推量）

◎従属接続詞

おもな従属接続詞

weil ... …なので　obwohl ... …にもかかわらず　dass ... …ということ

ob ... …かどうか　wenn ... もし…なら、…する時　als ... …した時

・従属接続詞は副文を導きます。

・副文の定動詞は副文の文末に置きます。

Er kommt heute nicht, *weil* er Fieber *hat*. 彼は熱があるので、今日来ない。

Sie weiß nicht, *dass* er krank *ist*. 彼が病気だということを、彼女は知らない。

Wenn das Wetter schön *ist*, essen wir draußen. 天気がよければ、私たちは外で食べる。

文法チェック

1 （　　　　）の動詞を過去形にして、点線部に入れなさい。

① Er .... gestern zu Hause.　　　　　　（sein）

② .... du letzte Woche eine Erkältung?　　（haben）

③ Barbara .... Professorin.　　　　　　（werden）

④ Wir .... mit dem Fahrrad zur Uni.　　　（fahren）

⑤ Ich .... damals nicht Englisch sprechen.　（können）

⑥ Die Schüler .... Latein lernen.　　　　（müssen）

2　未来・推量の助動詞 werden を適切な形にして、点線部に入れなさい。

① Ich .... dir sicher schreiben.

② Du .... sofort deine Hausaufgaben machen.

③ Makoto .... wohl jetzt Deutsch lernen.

3　（　　　　）の従属接続詞を使って、2 つの文を結びなさい。

① Sie hatte keine Ahnung.（dass）Er liebte sie.

② Wir wissen nicht.（ob）Es schneit morgen.

③ Fabian lernt intensiv Japanisch.（weil）Er will nächstes Jahr in Japan studieren.

④（als）Ich kam vorgestern nach Hause. Meine Schwester spielte Klavier.

文法メモ

■ 語順

ドイツ語は文の種類によって、動詞の位置が決まっています。

・平叙文

Wir *spielen* heute Tennis.
Heute *spielen* wir Tennis.
Nach der Schule *spielen* wir Tennis.
Wenn er kommt, *spielen* wir Tennis.
＊主語以外の要素が1番目にきてもよい

・決定疑問文（YES/NO疑問文）

Sind Sie Studentin?
Hast du ein Auto?
Fährt dieser Bus zur Uni?

・補足疑問文

Was *ist* das?
Wer *kommt* heute?
Wo *wohnst* du?
Wann *ist* er geboren?
Wie *heißen* Sie?
Warum *kommt* sie nicht?
Woher *kommst* du?
Wohin *fährt* dieser Bus?

・命令文

Kommen Sie bitte hierher!
Komm hierher!（du に対して）
Kommt hierher!（ihr に対して）
＊du、ihr に対しては、主語は省略する

■ 並列接続詞

並列接続詞は、語順に影響を与えません。並列接続詞には以下のようなものがあります。

> und（そして）　　aber（しかし）　　oder（または）　　denn（というのは）

Er lernt Deutsch *und* sie lernt Japanisch. 　　彼はドイツ語を学び、彼女は日本語を学ぶ。
Er lernt Englisch, *aber* ich lerne Deutsch. 　　彼は英語を学ぶ。しかし私はドイツ語を学ぶ。
Kommst du mit *oder* bleibst du hier? 　　いっしょに来る、それともここに残る？
Er kommt heute nicht, *denn* er hat einen Kater. 　　彼はきょう来ません。二日酔いだからです。

Lektion 3

ドイツの首都ベルリンは政治の中心であるばかりではなく、文化の中心でもあります。変容を遂げるベルリンは、ヨーロッパの中心としても目が離せません。

Berlin – Eine wunderbare Stadt

Berlin ist die Hauptstadt Deutschlands und eine Weltstadt in der Mitte Europas. Millionen Menschen besuchen diese Stadt und finden sie wunderbar.

Stellen Sie sich vor, Sie wollen den Bus vom Flughafen in die Stadt nehmen. Sie fragen den Busfahrer freundlich: „Wann fährt der Bus ab?" Seine Antwort: „Wenn die Räder rollen, wa." So oder so ähnlich könnte Ihre erste Begegnung mit einem Berliner sein. Man bezeichnet das als Humor oder vielleicht als Zumutung. Die „Berliner Schnauze" ändert sich ja nicht, auch wenn sich die Stadt ständig entwickelt.

女 Weltstadt < Welt+Stadt / wa = nicht wahr / könnte < können の接続法第 2 式：…だろう、…かもしれない /
女 Zumutung：ぶしつけ / 女 Berliner Schnauze：ベルリン子特有の言い方 / auch wenn ...：たとえ…だとしても

ブランデンブルク門

ホロコースト記念碑

チェックポイント・チャーリー

一部が保存された「ベルリンの壁」

Lektion 3

ベルリンがもつ独特な雰囲気は、この都市が経験してきた歴史がもたらしているのかもしれません。現在も変わり続けるベルリンの魅力は尽きることがありません。

In den 1920er Jahren war Berlin schon einmal das Kulturzentrum Europas. Wild und kreativ, ein Magnet für Künstler, Musiker und Schauspieler. Es war die Blütezeit der deutschen Kunst, Kultur und Wissenschaft. Heute ist Berlin wieder eine dynamische lebendige Metropole. Viele Besucher sind jung und kommen hierher, um mitzumachen, zu feiern, zu leben. Sie kommen zu den großen Events, wie der Berlinale, der Berlin Fashion Week, zu Ausstellungen, Messen und Festivals. Berlin zieht viele Menschen stark an und sie bleiben lange hier.

Die Kaiserzeit, die Weimarer Republik, die Nazi-Zeit, der Kalte Krieg – Geschichte ist in Berlin präsent wie in keiner anderen deutschen Stadt. Das Holocaust-Mahnmal oder der Checkpoint Charlie, die Spuren der Geschichte findet man hier überall: Monumente, Gebäude und unübersehbare Narben im Stadtbild. Sie alle zwingen uns zum Nachdenken.

Die Berliner Mauer wurde 1989 abgerissen. Seitdem sind Ost- und Westberlin zusammengewachsen. Die Stadt verändert sich immer weiter. Eins ist sicher: Berlin wird bei jedem Besuch anders aussehen. Berlin bleibt nicht stehen. Das macht Berlin so wunderbar.

女 Blütezeit < Blüte+Zeit / 女 Berlinale: ベルリン映画祭（毎年2月に開催される国際映画祭。最高賞は作品賞にあたる「金熊賞」）/ 女 Berlin Fashion Week: ベルリン・ファッション・ウィーク（2007年以来、1月と7月に開催される世界的なファッション・ウィーク）/ 女 Kaiserzeit: ドイツ帝国の時代（1871-1918）/ 男 der Kalte Krieg: 冷戦（第2次世界大戦後のアメリカが率いる資本主義・自由主義陣営と、ソ連が率いる共産主義・社会主義陣営との対立構造）/ 中 Holocaust-Mahnmal: ホロコースト記念碑 / 男 Checkpoint Charlie: チェックポイント・チャーリー（ベルリンが東西に分断されていた時代に置かれていた国境検問所）/ unübersehbar: 見落とせない / 中 Stadtbild < Stadt+Bild

Lektion 3

1　本文で用いられている分離動詞の不定形を書きなさい。

2　本文で用いられている非分離動詞の不定形を書きなさい。

3　本文中の再帰動詞と再帰代名詞に下線を引きなさい。

4　以下の西暦の読み方をドイツ語で書きなさい。

1989:

1871:

1918:

2018:

文法ノート

◎再帰動詞

再帰代名詞とセットで使う動詞があります。熟語表現として覚えるのがよいでしょう。

sich^4 mit ...^{3} beschäftigen	...^{3}に取り組む	sich^4 an ...^{4} erinnern	...^{4}を思い出す
sich^4 auf ...^{4} freuen	...^{4}を楽しみにしている	sich^4 über ...^{4} freuen	...^{4}を喜ぶ
sich^4 für ...^{4} interessieren	...^{4}に興味がある	sich^4 setzen	座る

◎分離動詞

分離動詞は不定形では1語ですが、定形では前つづりと基礎動詞が分離します。発音のアクセントは前つづりに置かれます。

kommen 来る → an|kommen 到着する

Er *kommt* um 10 Uhr in Tokyo *an*.	彼は10時に東京に到着する。
Wann *kommt* er in Tokyo *an*?	彼はいつ東京に到着しますか？

・副文では文末に1語にして置かれます。

Weißt du, wann er in Tokyo *ankommt*?	彼がいつ東京に到着するか知ってる？

◎接続法第2式……非現実話法・外交話法

・接続法第2式の作り方
　　規則動詞 ⇒ 過去基本形と同じ形
　　不規則動詞 ⇒ 過去基本形を基にして、語尾に e がない場合は e をつけ、語幹の母音 a、
　　　　　　　　 o、u はウムラウトさせた形

　　例）不定形 kommen → 過去基本形 kam → 接続法第2式基本形 käme

・接続法第2式の変化
　　主語に合わせて過去形と同じ語尾をつける。

① 非現実話法：事実とは異なる話し手の仮定・願望・推測

Wenn ich Zeit *hätte*, *würde* ich nach Deutschland reisen.
　もし時間があれば、ドイツへ旅行に行くのにな。

Wenn ich an deiner Stelle *wäre*, *würde* ich ihnen helfen.
　もし私が君の立場なら、私は彼らを助けるのにな。

② 外交話法：ていねいな表現

Ich *hätte* gern noch ein Glas Bier.	もう一杯ビールをください。
Könnten Sie bitte das Fenster aufmachen?	窓を開けていただけますか？

文法チェック

1 動詞を適切な形にして（　　　　）に、点線部には適切な再帰代名詞を入れなさい。

① （　　　　　　　　） du .... auf die Sommerferien?（freuen）

② Ich （　　　　　　　　） .... für die deutsche Geschichte.（interessieren）

③ （　　　　　　　　） Sie .... bitte!（setzen）

④ Makoto （　　　　　　　　） .... jetzt mit Deutsch.（beschäftigen）

⑤ Wir （　　　　　　　　） .... an unseren Großvater.（erinnern）

2 下の動詞を適切な形にして（　　　　）に入れなさい。

> aus|sehen ein|laden mit|bringen statt|finden teil|nehmen um|steigen vor|stellen

① Wir （　　　　　　　） euch morgen Abend zur Party （　　　　　　　）.

② Barbara （　　　　　　　） mir immer Kuchen （　　　　　　　）.

③ Wo （　　　　　　　） die nächste Fußball-WM （　　　　　　　）?

④ （　　　　　　　） Sie sich bitte ganz kurz （　　　　　　　）!

⑤ Ihr müsst in Shinjuku （　　　　　　　）.

⑥ Du （　　　　　　　） aber blass （　　　　　　　）.

⑦ Weißt du, ob er an diesem Seminar （　　　　　　　）?

3 日本語に訳しなさい。

① Was würdest du tun, wenn du eine Million Euro hättest?

② Könnten Sie mir bitte helfen?

③ Ich wäre Ihnen sehr dankbar, wenn Sie mir antworten würden.（メール・手紙などで）

④ Wenn ich schön singen könnte!

文法メモ

■枠（ワク）構造

① ＜定動詞（V₁）＞と＜定動詞に準じる要素（V₂）＞が文をワクのように囲みます。

V₁：定動詞　　V₂：その他の動詞要素

・分離動詞

Ich *stehe* immer um 7 Uhr *auf*.　　私はいつも7時に起きる。

・話法の助動詞

Ich *muss* morgen um 5 Uhr *aufstehen*.　　私は明日5時に起きなければならない。

・未来形

Ich *werde* morgen um 5 Uhr *aufstehen*.　　私は明日5時に起きるつもりだ。

・現在完了形

Ich *bin* heute um 5 Uhr *aufgestanden*.　　私は今日5時に起きた。

Ich *habe* gestern Pizza *gegessen*.　　私は昨日ピザを食べた。

・受動文

Das Restaurant *wird* um 22 Uhr *geschlossen*.　　そのレストランは22時閉店です。

② 副文では＜従属接続詞＞＜関係代名詞＞と＜定動詞（V₁）＞が文をワクのように囲みます。

●：従属接続詞、関係代名詞　　V₁：定動詞

・従属接続詞

Ich jogge, *wenn* das Wetter schön *ist*.　　天気がよければ、ジョギングします。

・関係代名詞

Das ist der Füller, *den* ich lange gesucht *habe*.　　これは私が長いこと探していた万年筆です。

Lektion 4

『グリム童話』を知っている人は多いでしょう。グリム兄弟が収集・編纂したドイツの童話集です。この課で読むのはその中の短い一編です。

Der süße Brei

Es war einmal ein armes frommes Mädchen, das lebte mit seiner Mutter allein, und sie hatten nichts mehr zu essen. Einmal ging das Kind hinaus in den Wald, und traf da eine alte Frau. Die wusste schon, was los ist und schenkte dem Mädchen ein Töpfchen. Zu dem Töpfchen sollte es sagen: „Töpfchen, koch", so kochte es guten süßen Hirsebrei. Wenn es sagte: „Töpfchen, steh", so hörte es wieder auf zu kochen.

Das Mädchen brachte den Topf seiner Mutter heim, und nun lebten sie gut und hatten keinen Hunger mehr. Sie aßen süßen Brei, sooft sie wollten.

田 Töpfchen: Topfの縮小形 / 男 Hirsebrei: キビ（穀物）でつくったお粥 / auf|hören:（zu 不定詞とともに）…するのをやめる / heim|bringen: 家に持ち帰る

◎グリム童話（Grimms Märchen）

グリム兄弟

『グリム童話』は、ヤーコプ（1785-1863）とヴィルヘルム（1786-1859）のグリム兄弟が収集・編纂したドイツの童話集です。正式なタイトルは『子どもたちと家庭のメルヘン』（*Kinder- und Hausmärchen*）で、1812年に初版第1巻が刊行されました。その後、版を重ねて、最終版となる第7版が1857年に出版されました。第7版には童話が201編と聖者伝が10編おさめられています。

Lektion 4

今のところは、なんだかハッピーに進んでいるようです。しかし、このままですまないのが『グリム童話』。さあ、どうなるか？　情景を頭に思い浮かべながら読み進めましょう。

　　Einmal war das Mädchen nicht zu Hause, da sprach die Mutter: „Töpfchen, koch", da kocht es, und sie isst sich satt. Nun will die Mutter, dass das Töpfchen wieder aufhören soll, aber sie weiß das Wort nicht. Also kocht das Töpfchen weiter, und der Brei steigt über den Rand hinaus und kocht und kocht. Die Küche und das ganze Haus sind voll und das Nachbarhaus und dann die Straße, als wollte es die ganze Welt satt machen. Das ist die größte Not, und alle können nichts machen. Endlich, wie nur noch ein einziges Haus übrig ist, da kommt das Kind nach Hause und spricht nur: „Töpfchen, steh", da steht es und hört auf zu kochen, und wer wieder in die Stadt wollte, der musste sich durchessen.

sich⁴ satt essen: 腹いっぱい食べる / über den Rand hinaus: 鍋からあふれ出て / als wollte：まるで…しようとするかのように / größt < groß / wie：…のとき / nur noch：あとはただ / sich⁴ durch|essen：食べて道をつくる

◎グリム童話の有名な物語
・日本語のタイトルとドイツ語のタイトルを線で結びなさい。

かえるの王様あるいは鉄のハインリヒ・	・Rotkäppchen
狼と七匹の子山羊・	・Aschenputtel
ラプンツェル・	・Dornröschen
ヘンゼルとグレーテル・	・Der Wolf und die sieben jungen Geißlein
灰かぶり（シンデレラ）・	・Die Bremer Stadtmusikanten
赤ずきん・	・Schneewittchen
ブレーメンの音楽隊・	・Hänsel und Gretel
いばら姫（眠りの森の美女）・	・Der Froschkönig oder der eiserne Heinrich
白雪姫・	・Rapunzel

Lektion 4

1　本文中から過去形の動詞を抜き出し、不定形を答えなさい。

過去形	不定形
war	sein

2　本文中の命令形の動詞を◯で囲みなさい。

3　本文中から指示代名詞を抜き出し、それが指す語句をドイツ語で書きなさい。

文法ノート

◎指示代名詞

指示代名詞は、前出の人や事物を指し示すはたらきを持ちます。人称代名詞よりも指示する力が強く、通常は「それ」、「これ」のように、目の前にあるものを指すときに用います。

	男	女	中	複
1格	der	die	das	die
2格	dessen	deren	dessen	deren
3格	dem	der	dem	denen
4格	den	die	das	die

Hast du diesen Roman schon gelesen? — Ja, *den* habe ich schon gelesen.
君はもうこの小説を読んだ？ — うん、それはもう読んだよ。

Die weiße Hose gefällt mir. *Die* nehme ich.
私はこの白いズボンが気に入りました。これをもらいます。

Was ist *das* dort? — *Das* ist die Staatsoper.
あそこのあれは何ですか？ — あれは国立歌劇場です。

◎命令形

	du に対して	ihr に対して	Sie に対して
kommen	Komm[e]!	Kommt!	Kommen Sie!
warten	Warte!	Wartet!	Warten Sie!
sprechen	Sprich!	Sprecht!	Sprechen Sie!
sein	Sei ...!	Seid ...!	Seien Sie ...!

・sprechen 型（e → i）、sehen 型（e → ie）の動詞は、命令形でも語幹の母音を変えます。

Makoto, *lerne* Deutsch! マコト、ドイツ語を勉強しなさい！

Hilf mir doch! ちょっと手伝ってよ！

Kinder, *kommt* mal hierher! 子供たち、ちょっとこっちへ来なさい！

Sprechen Sie bitte noch langsamer! どうかもっとゆっくり話してください！

Seien Sie bitte so nett und *bringen Sie* das Wörterbuch!
すみませんが、辞書を持ってきてくれませんか！

文法チェック

1　点線部に適当な指示代名詞を入れなさい。

① Fährt der Zug nach Berlin? — Nein, ... fährt nach Hamburg.

② Haben Sie den Film gesehen? — Nein, ... habe ich nicht gesehen.

③ Schau mal die Bluse hier!　............................. gefällt mir am besten.

④ Das Auto ist viel teurer als .... meines Vaters.

2　次の動詞の命令形を書きなさい。

	du に対して	ihr に対して	Sie に対して
① arbeiten			
② schlafen			
③ sehen			
④ geben			
⑤ nehmen			
⑥ zu|hören			

3　ドイツ語に訳しなさい。

① この青い（blau）スカート（圐 Rock）はすてき（schick）です。これを（指示代名詞で）私はもらいます（nehmen）。

② そんなに（so）速く（schnell）運転しないで（fahren）！

③ 怖がらないで！（Angst haben; du に対して）　その犬（圐 Hund）は危なく（gefährlich）ないよ。

④ 乗車券（囡 Fahrkarte）を見せてください（zeigen）！

— 29 —

文法メモ

■否定文

① kein を用いる場合

不定冠詞つき、または無冠詞の名詞を否定するときは、否定冠詞の kein を用います。

Haben Sie ein Auto? — Nein, ich habe **kein** Auto.
あなたは車を持っていますか？ — いいえ、持っていません。

Hast du Hunger? — Nein, ich habe **keinen** Hunger.
おなか空いてる？ — いや、空いてないよ。

② nicht を用いる場合

全文否定 ⇒ nicht は原則として文末に置きます。

Er liebt dich *nicht*.（lieben を否定） 彼は君を愛していない。

・ワク構造をもつ文では、nicht を文末要素の直前に置きます。

Sie kommt heute *nicht* mit. 彼女は今日いっしょに来ない。

Sie kann heute *nicht* kommen. 彼女は今日来られない。

Sie ist heute *nicht* gekommen. 彼女は今日来なかった。

Weißt du, warum sie heute *nicht* kommt? どうして彼女が今日来ないのか、知ってる？

・以下のような場合も、nicht は文末要素の直前に置きます。

Ich fahre *nicht* Auto.（Auto fahren を否定） 私は車を運転しない。

Er ist *nicht* fleißig.（fleißig sein を否定） 彼は勤勉ではない。

Er wohnt *nicht* in Hamburg.（in Hamburg wohnen を否定） 彼はハンブルクに住んでいない。

部分否定 ⇒ nicht は否定したい語句の直前に置きます。

Sie fährt *nicht* heute nach Berlin.（heute を否定） 彼女がベルリンへ行くのは今日ではない。

Er liebt *nicht* dich.（dich を否定） 彼が愛しているのは、君ではない。

■相関的な接続詞

熟語のように組み合わせて用いられる接続詞があります。

Sie kommt *nicht* heute, *sondern* morgen. 彼女は今日ではなく、明日来る。

Sie kommt *nicht nur* heute, *sondern auch* morgen. 彼女は今日だけではなく、明日も来る。

Er ist *zwar* reich, *aber* unglücklich. 彼は金持ちだが不幸だ。

Ihr müsst *entweder* Griechisch *oder* Latein lernen.
君たちはギリシア語かラテン語かどちらかを学ばなければならない。

Makoto spricht *weder* Englisch *noch* Deutsch. マコトは英語もドイツ語も話せない。

— 30 —

Lektion 5

「音楽の都」ウィーンは、カフェの町でもあります。ウィーンのカフェとその歴史についてテキストを読みましょう。

Wiener Kaffeehauskultur

Große Säle, rot-samtige Sitzbezüge, Marmortischchen und prunkvolle Kristallleuchter… Das Wiener Kaffeehaus ist weltberühmt für seine raffiniert gemütliche Atmosphäre. Dort kann man mit einer Tasse Kaffee das Leben genießen.

Die Spezialitäten des Wiener Kaffeehauses sind Melange und Torten. Melange ist ein Kaffee, der zur Hälfte aus Milch besteht. Die berühmteste Torte in Wien ist die Sachertorte. Diese Torte kann man z. B. im „Hotel Sacher" und im „Demel" probieren.

Die ersten Kaffeehäuser in Wien wurden Ende des 17. Jahrhunderts eröffnet. Sie wiesen schon damals viele der Merkmale auf, die heute ein typisches Wiener Kaffeehaus ausmachen. Es gab das berühmte Glas Wasser, Zeitungen und einen Billardtisch.

Wegen der Kontinentalsperre Napoleons gegen England im Jahr 1806 stieg in Österreich der Preis der Kaffeebohnen. Vom Verkauf von Kaffee allein konnten die Kaffeehäuser nicht überleben. Deshalb servierten sie auch warme Speisen und alkoholische Getränke. Damit war das „Wiener Café-Restaurant" geboren.

samtig: ビロードの / 男 Sitzbezug: 椅子やソファのカバー / 中 Marmortischchen: 大理石の小型のテーブル / 男 Kristallleuchter: シャンデリア / raffiniert: 洗練された / 中 Hotel Sacher: ホテル・ザッハー（ウィーンの中心部にある高級ホテル。カフェを併設）/ 中 Demel: デメル（老舗のカフェ兼ケーキ店）/ aus|machen: …を形づくる / 男 Billardtisch: ビリヤード台 / 女 Kontinentalsperre Napoleons gegen England: ナポレオンの大陸封鎖令（対イギリス経済封鎖令）/ servieren:（飲食物を客に）出す

Lektion 5

ウィーンのカフェはこの町の歴史の証人でもあります。そこを訪れれば、独特の雰囲気を今でも感じとることができます。

　　Früher waren die Gäste des Kaffeehauses fast ausschließlich Männer. Man war der Meinung, Zigarettenrauch, Alkohol, Spiel und Debattieren seien den Frauen nicht zumutbar. Frauen konnten Kaffeehäuser nur in Begleitung von Männern besuchen. 1856 wurde der Eintritt ins Kaffeehaus endlich auch für Frauen möglich. Das „Café Français" öffnete seine Türen auch für Damen.

　　Kaffeehäuser wurden auch zum Treffpunkt von Literaten. Um 1890 versammelten sich im „Café Griensteidl" junge Schriftsteller wie z. B. Arthur Schnitzler, Hugo von Hofmannsthal oder Karl Kraus.

　　Außerdem benutzten Wienerinnen und Wiener, die zumeist in kleinen Wohnungen lebten, die eleganten Kaffeehäuser als zweites Wohnzimmer. Hier konnte man Leute empfangen und Freunde treffen.

　　Die Wiener haben das Kaffeetrinken zur Kultur gemacht – eine Kultur, die Besucher in vielen Kaffeehäusern erleben können. 2011 wurde die Wiener Kaffeehauskultur zum immateriellen Kulturerbe der UNESCO ernannt. Die einzigartige Atmosphäre des Wiener Kaffeehauses fasziniert heute noch viele Menschen aus der ganzen Welt.

fast ausschließlich … : ほとんど…に限られた / der Meinung sein: …という意見である / 男 Zigarettenrauch: タバコの煙 / seien ＜動詞 sein の接続法第１式（３人称・複）。ここでは間接引用であることを示す / in Begleitung von ...³ : …³に付き添われて / 中 Café Français: カフェ・フランス（かつて存在したウィーンのカフェ）/ 男 Treffpunkt: たまり場 / 中 Café Griensteidl: カフェ・グリーンシュタイドル（ウィーンの王宮に面したカフェ）/ Arthur Schnitzler: アートゥア・シュニッツラー（1862-1931）。小説家、劇作家、医師 / Hugo von Hofmannsthal: フーゴー・フォン・ホーフマンスタール（1874-1929）。詩人、作家、劇作家 / Karl Kraus: カール・クラウス（1874-1936）。作家、ジャーナリスト / zumeist: たいていは / 中 immaterielles Kulturerbe der UNESCO：ユネスコ無形文化遺産 / ernannt ＜ ernennen / einzigartig: 比べるものがない

Lektion 5

1. 本文中の関係代名詞を ◯ で囲みなさい。

2. 次の複数形の名詞の単数形を答えなさい。（定冠詞をつけて）

複数形	単数形
Säle	
Kaffeehäuser	
Merkmale	
Zeitungen	
Gäste	
Männer	
Frauen	
Türen	
Wohnungen	
Freunde	
Menschen	

洗練された雰囲気のウィーンのカフェ

ザッハトルテ

銀のトレーに乗って出されるコーヒーと水

文法ノート

◎関係代名詞

	男	女	中	複
1格	der	die	das	die
2格	dessen	deren	dessen	deren
3格	dem	der	dem	denen
4格	den	die	das	die

Kennst du den *Mann, **der** dort steht?* あそこに立っている男性を君は知っていますか？

Der *Film,* ***den** ich gestern gesehen habe,* war sehr interessant.

私がきのう見た映画はとても面白かった。

- 関係代名詞の＜性＞＜数＞は先行詞に一致させます。
- 関係代名詞の＜格＞は、関係文の中での役割（主語、目的語など）によって決まります。
- 関係文の定動詞は、関係文の文末に置かれます。
- 主文と関係文の間はコンマで区切ります。

- 前置詞とともに用いるときは、＜前置詞＋関係代名詞＞の形になります。

Wer ist der *Mann* dort, ***mit dem** Barbara spricht?*

バルバラがいっしょに話しているあそこの男性は誰ですか？

◎現在完了形（1）……haben 支配の動詞

他動詞、多くの自動詞 ⇒ haben ＋過去分詞（文末）

Was *haben* Sie gestern *gemacht?* あなたは昨日何をしましたか？

— Ich *habe* Tennis *gespielt.* — 私はテニスをしました。

Hast du schon dieses Buch *gelesen?* きみはもうこの本を読んだ？

Heute *haben* wir viel *gearbeitet.* きょう私たちはたくさん仕事をした。

— 34 —

文法チェック

1 次の文章を現在完了形に書き換えなさい。

① Ich lerne Deutsch und sie lernt Japanisch.

② Wir sehen den neuen Film von Fatih Akin.

③ Mein Bruder heiratet eine Französin.

④ Ich frühstücke um halb sieben.

⑤ Gefallen Ihnen die Wiener Kaffeehäuser?

⑥ Was studierst du?

⑦ Ich lade sie zu meinem Geburtstag ein.

⑧ Makoto nimmt an einem Deutschkurs teil.

2 （　　　）に適切な関係代名詞を入れなさい。

① Kennst du die Frau, （　　　　　　　　　） da vor der Tür steht?

② Das ist der Wein, （　　　　　　　　） ich gern trinke.

③ Wie viel kostet das Fahrrad, （　　　　　　　　） du neulich gekauft hast?

④ Er kauft nur Obst, （　　　　　　　） auf dem Markt verkauft wird.

⑤ Die Schauspielerin, von （　　　　　　　） du immer gesprochen hast, hat sich verlobt.

3 ドイツ語に訳しなさい。

① 私は彼のメール（囡 E-Mail）をまだ（noch）読んでいません（lesen）。

② 君はその雑誌（囡 Zeitschrift）をどこへ（wohin）置いたの（legen）？

③ 君たちはもう（schon）お昼を食べたの（zu Mittag essen）？

④ 私がきのう（gestern）買ったボールペン（團 Kuli）はどこですか？

— 35 —

文法メモ

■動詞の3基本形

	不定形	過去基本形	過去分詞
①規則動詞	**～ en**	**～ te**	**ge ～ t**
買う	kaufen	kaufte	gekauft
待つ	warten	wartete	gewartet（口調上のeを入れる）
②不規則動詞			
立っている	stehen	stand	gestanden
考える	denken	dachte	gedacht
③重要動詞の3基本形			
	sein	war	gewesen
	haben	hatte	gehabt
	werden	wurde	geworden
④分離動詞の3基本形			
起きる	auf|stehen	stand ... auf	aufgestanden
⑤過去分詞で ge- がつかない動詞			
・非分離動詞			
理解する	verstehen	verstand	verstanden
・-ieren で終わる動詞			
大学で学ぶ	studieren	studierte	studiert

■次の動詞の3基本形を暗記しなさい！

sein　　haben　werden　bringen　　essen　　fahren　　geben　　gehen
kommen　lesen　　nehmen　schreiben　sehen　　sprechen　stehen　　trinken

— 36 —

Lektion 6

ドイツのジョークはブラックユーモア。なかなか日本人の感覚にはなじまないものも多いのですが、思わずニヤッとしてしまうものもあります。

Abschlussprüfung

Vier superintelligente Studenten stehen kurz vor ihrer Abschlussprüfung. Da sie sowieso immer die Bestnote erreichen, entscheiden sie sich, das Wochenende vor den Prüfungen nicht zu lernen, sondern nach Paris zu fahren und Partys zu genießen.

Am Tag ihrer eigentlichen Abreise entscheiden sie sich, noch einige Tage in Paris zu bleiben und dann zur Nachprüfung zu gehen. Nach 3 Tagen kommen sie endlich wieder zu Hause in München an. Als Entschuldigung sagen sie, dass sie eine Reifenpanne hatten und deshalb verspätet gekommen sind.

Die Lehrer sind freundlich und setzen jeden einzelnen Studenten in ein anderes Klassenzimmer. Die Prüfung beginnt. Die erste Frage der Prüfung gibt 10 Punkte und ist sehr leicht. Alle freuen sich in ihrem Zimmer über diese einfache Prüfung. Dann drehen sie die Blätter. Auf der Hinterseite befindet sich die zweite und letzte Aufgabe, die 90 Punkte gibt: „Welcher Reifen war platt?"

女 Abschlussprüfung: 期末試験 / superintelligent ＜ super+intelligent / 女 Bestnote: 一番よい成績 /
女 Nachprüfung: 追試験 / 女 Reifenpanne: タイヤのパンク / einzeln: 個々の / 女 Hinterseite: 裏面

◎ドイツの学校制度
　ドイツでは、通常、小学校（Grundschule）に４年間通った後、ギムナジウム（Gymnasium）、実科学校（Realschule）、基幹学校（Hauptschule）のいずれか、あるいはこの３種の学校をまとめた総合学校（Gesamtschule）に進学します。ドイツには日本のような大学入学試験というものは存在せず、大学入学資格試験（Abitur）に合格すれば、原則的には、どの大学・どの学部にでも進学できます。

Lektion 6

次のジョークもなかなか笑えるものではないのですが。笑いの文化の違いに触れてみてください。

Verdammt heiß hier unten!

Ein Ehepaar entscheidet sich, dem Winter in Deutschland zu entfliehen, und bucht eine Woche Südsee. Leider kann die Frau aus beruflichen Gründen erst einen Tag später als ihr Mann fliegen. Der Ehemann fährt wie geplant. Er kommt im Hotelzimmer an und schickt seiner Frau eine E-Mail. Blöderweise vertippt er sich beim Eingeben der E-Mail-Adresse und vertauscht einen Buchstaben. So landet die E-Mail bei einer Witwe. Sie kommt gerade von der Beerdigung ihres Mannes nach Hause und liest gerade die Beileidsbekundungen per E-Mail. Als ihr Sohn das Zimmer betritt, sieht er seine Mutter bewusstlos zusammensinken. Er schaut auf den Bildschirm:

An: meine zurückgebliebene Frau
Von: deinem vorgereisten Mann
Betreff: Bin gut angekommen

Liebste, ich bin gerade angekommen. Ich habe mich hier bereits eingelebt und sehe, dass für deine Ankunft alles schon vorbereitet ist. Ich wünsche dir eine gute Reise und erwarte dich morgen. In Liebe, dein Mann.
PS: Verdammt heiß hier unten!

entfliehen: …³ から逃れる / 囡 Südsee: 南太平洋（の島々）/ geplant ＜ planen / blöderweise: 愚かにも / sich⁴ vertippen:（キーボードで）打ち間違える / vertauschen:（うっかり）間違える / 囡 Beileidsbekundung: お悔やみ状 / zusammen|sinken: くずれるように倒れる / 男 Bildschirm: ディスプレー / vorgereist ＜ vor|reisen: 先に旅立つ / 男 Betreff: 件名 / sich⁴ ein|leben: 住み慣れる

Lektion 6

① 現在完了形の文に下線を引きなさい。

② zu 不定詞を（　　）でくくりなさい。

③ 下の表を完成させなさい。

男性名詞	女性名詞
Student	
Lehrer	
	Frau
Ehemann	
Sohn	
	Mutter

文法ノート

◎ 現在完了形（2）…… sein 支配の動詞

以下の自動詞 ⇒ sein ＋過去分詞（文末）

① 場所の移動：gehen（行く）、fahren（乗り物で行く）、kommen（来る）など
② 状態の変化：werden（…になる）、sterben（死ぬ）、auf|stehen（起きる）など
③ sein（…である）、bleiben（とどまる）

Sie *ist* mit der U-Bahn zur Uni *gefahren*. 　　　彼女は地下鉄で大学に行った。
Heute Morgen *bin* ich um 10 Uhr *aufgestanden*. 　けさ私は 10 時に起きた。
Wir *sind* gestern den ganzen Tag zu Hause *geblieben*. 　私たちはきのう一日中家にいた。

◎ zu 不定詞（1）

動詞は＜ zu ＋動詞の不定形＞の形にすると、次のような使い方ができます。

・名詞的用法
In Deutschland *zu studieren* ist mein Traum. 　　ドイツに留学することは私の夢だ。
（＝ Es ist mein Traum, in Deutschland *zu studieren*.）
Makoto plant, in Deutschland *zu studieren*. 　　マコトはドイツに留学することを計画している。

・形容詞的用法
Ich habe keine Lust, heute *auszugehen*. 　　　私はきょう外出する気がない。
Hast du morgen Zeit, mit mir ins Museum *zu gehen*?
　あした私と一緒に美術館に行く時間はある？

◎ 過去分詞の用法

動詞は過去分詞にすると形容詞としても使えます。

他動詞の過去分詞 ⇒ …された（受動）
自動詞の過去分詞 ⇒ …した（完了）

das *gestohlene* Bild（stehlen） 　　　　盗まれた絵
die gut *erledigte* Arbeit（erledigen） 　　うまく片付けられた仕事
mein *gestorbener* Großvater（sterben） 　私の亡くなった祖父

文法チェック

1 次の文章を現在完了形に書き換えなさい。

① Fritz fährt nach Köln.

② Um wie viel Uhr stehst du auf?

③ Wir steigen in Shibuya aus.

④ Kommst du auf eine gute Idee?

⑤ Ich bin Lehrer.

2 次の文章を日本語に訳しなさい。

① Er hat mir versprochen, mich nächstes Jahr zu heiraten.

② Meine Eltern raten mir, in Deutschland zu studieren.

③ Makoto hat den Wunsch, Germanist zu werden.

④ Sie nimmt sich immer Zeit, mit mir ein Bier zu trinken.

⑤ Wir trauern um die gefallenen Soldaten.

⑥ Widerrechtlich abgestellte Fahrzeuge werden kostenpflichtig abgeschleppt!

3 ドイツ語に訳しなさい。

① 私たちは週末に（am Wochenende）広島へ行きました。

② 10年前にここで大きな事故（ein schwerer Unfall）が起きた（passieren）。

③ 彼らは Alex に、ゆっくり（langsam）話すように頼む（bitten）。

④ 私といっしょに南太平洋の島（auf eine Insel）に旅行する（reisen）気はある？

文法メモ

■非人称の es

es には以下のような使い方があります。この場合の es は何も指していないので、「それ」と訳さないでください。

Es regnet. / Es schneit. / Es donnert.	雨が降っている / 雪が降っている / 雷が鳴っている。
Es tut mir leid.	お気の毒です。
Es ist mir kalt. (Mir ist kalt.)	私は寒いです。
Wie spät ist es? / Wie viel Uhr ist es?	何時ですか？
— Es ist 10 Uhr.	— 10 時です。

・熟語になっている表現もあります。

es geht ...^{3} ＋副詞：…^{3} の調子が〜である

Wie geht es Ihnen? — Es geht mir sehr gut.	調子はいかがですか？ — とても良いです。
— Es geht.	— まあまあです。

es gibt ...^{4}：…^{4} がある

Gibt es hier in der Nähe eine Post?	この近くに郵便局はありますか？

es handelt sich um ...^{4} / es geht um ...^{4}：…^{4} が問題となっている

Es handelt sich um den Weltfrieden. / Es geht um den Weltfrieden.
　　世界平和に関わる問題です。

■日時、季節などの表現に用いる前置詞

時刻：**um** 7 Uhr　7 時に　（ただし、**gegen** 7 Uhr　7 時ごろに）

時間帯：**am** Morgen　朝に　（ただし、**in** der Nacht　夜に）

　　　　Morgen（朝）　Vormittag（午前）　Mittag（お昼）　Nachmittag（午後）　Abend（晩）

曜日、日付：**am** Sonntag　日曜日に　**am** 27. Juli　7 月 27 日に

　　　　　　Montag（月曜）　Dienstag（火曜）　Mittwoch（水曜）　Donnerstag（木曜）

　　　　　　Freitag（金曜）　Samstag / Sonnabend（土曜）　Sonntag（日曜）

月：**im** Januar　1 月に

　Januar（1 月）　Februar（2 月）　März（3 月）　April（4 月）　Mai（5 月）　Juni（6 月）

　Juli（7 月）　August（8 月）　September（9 月）　Oktober（10 月）　November（11 月）

　Dezember（12 月）

季節：**im** Frühling　春に

　　　Frühling（春）　Sommer（夏）　Herbst（秋）　Winter（冬）

年：in, im　（または、前置詞なし）

　in diesem Jahr / dieses Jahr　今年（に）

　im letzten Jahr / letztes Jahr　去年（に）

　2018 / **im** Jahr(e) 2018　2018 年（に）

— 42 —

Lektion 7

ドイツでは、商店の営業時間を定める「閉店法」という法律により、原則として日曜日は休日として保護されています。

Kurze Geschichte der Sonntagsruhe

Ist es denn selbstverständlich, jeden Tag einkaufen zu können? In Deutschland kann man am Sonntag grundsätzlich nicht einkaufen. Die meisten Läden sind am Sonntag geschlossen. Warum? Weil es in Deutschland das „Ladenschlussgesetz" gibt, das die Öffnungszeiten der Läden beschränkt.

„Sechs Tage sollt ihr arbeiten. Aber der siebte Tag ist der Ruhetag. (…) Wer an diesem Tag arbeitet, soll sterben." So steht es in der Bibel. Im vierten Jahrhundert wurde von Kaiser Konstantin dem Großen ein Gesetz zum Sonntagsschutz eingeführt, damit man den Gottesdienst besuchen konnte.

Die Industrialisierung im 19. Jahrhundert setzte der Sonntagsruhe allerdings ein Ende. Die Maschinen sollten sieben Tage in der Woche laufen, die Geschäfte wurden am Sonntag geöffnet und auch der Mensch sollte jeden Tag arbeiten. Dem versuchte die wachsende Arbeiterbewegung entgegenzuwirken. Daraufhin musste die Regierung etwas zum Schutz der Arbeiter tun. 1900 trat das erste Ladenschlussgesetz in Kraft, und seit 1919 war die Sonntagsruhe auch durch die Weimarer Verfassung geschützt:

Der Sonntag und die staatlich anerkannten Feiertage bleiben als Tage der Arbeitsruhe und der seelischen Erhebung gesetzlich geschützt. (Artikel 139)

女 Sonntagsruhe: 日曜の安息 / 中 Ladenschlussgesetz: 閉店法 / 女 Öffnungszeit: 営業時間 / Kaiser Konstantin der Große: コンスタンティヌス1世（272-337）。ローマ帝国の皇帝 / 男 Sonntagsschutz: 日曜の保護 / …³ ein Ende setzen: …³を終わらせる / Dem versuchte … : この dem は前文の内容を指す指示代名詞（中 3格）/ 女 Arbeiterbewegung: 労働運動 / entgegen|wirken: …³に抵抗する / daraufhin: その結果 / in Kraft treten: 発効する / 女 die Weimarer Verfassung: ワイマール憲法 / anerkannt: 承認された / 女 Arbeitsruhe: 休業 / 女 Erhebung:（精神・気分の）向上

Lektion 7

グローバル化が進む現在では、ドイツでも日曜の保護について議論が交わされています。

In der Bundesrepublik galt ab 1957 das „Gesetz über den Ladenschluss": Geschäfte durften nun von 7 Uhr bis 18:30 Uhr öffnen und samstags bis 14 Uhr. Am Sonntag blieben die Läden geschlossen.

　Im Laufe der Zeit wurden die Regelungen immer mehr liberalisiert. Seit 2006 sind viele Supermärkte und Geschäfte am Abend und am Samstag länger offen. Aber die Sonntagsruhe bleibt weiter durch das Arbeitszeitgesetz geschützt. Einige Berufsgruppen wie zum Beispiel Beschäftigte im Krankenhaus, bei der Polizei oder im öffentlichen Verkehr sind jedoch vom Sonntagsschutz ausgenommen. Laut Statistischem Bundesamt müssen außerdem immer mehr Menschen sonntags arbeiten. In Zeiten der Globalisierung wird über den geschützten Sonntag viel diskutiert, denn in Tokio oder New York kann man 24 Stunden einkaufen.

囲 Gesetz über den Ladenschluss：閉店に関する法律 / immer mehr：ますます / 囲 Arbeitszeitgesetz：労働時間法 / 女 Berufsgruppe：職種 / 囲 Statistisches Bundesamt：ドイツ連邦統計局

営業時間の表示

スーパーの店内

Lekton 7

1　本文中の話法の助動詞に<u>下線</u>を引きなさい。

2　本文中の受動文を（　　　　）でくくりなさい。

3　本文中の数字の読み方をドイツ語で書きなさい。

◎バカンス（Urlaub）

　ドイツ人は仕事と同じように休暇も大切にしています。ドイツでは法律により年に 24 日の最低有給休暇日が定められています。そしてほとんどの人がこの有給休暇を完全に消化します（病気による欠勤は有給休暇とは別に認められている）。社員はあらかじめ休暇プランを会社に提出し、上司が社員間の休暇のスケジュールを調整します。

　休暇の使い方は人それぞれですが、長い休みをとって旅行に出かけるのが代表的なパターンです。人気のある行き先は地中海に浮かぶマジョルカ島（スペイン）です。南国のあざやかな太陽に迎えられ、仕事を忘れて思う存分バカンスを楽しむわけです。

文法ノート

◎話法の助動詞

話法の助動詞＋本動詞の不定形（文末）

> können …できる（能力）、ありうる（可能性） müssen …しなければならない（義務・必然）
>
> wollen …するつもりだ（主語の意志） sollen …すべきだ（主語以外の意志）
>
> dürfen …してよい（許可） mögen …かもしれない（推量）

Meine Schwester *kann* gut Klavier *spielen*.	私の姉はピアノが上手だ。
Ich *muss* jeden Sonntag *arbeiten*.	私は毎週日曜日、働かなければならない。
Sie *will* Lehrerin *werden*.	彼女は先生になるつもりです。
Wollen wir ins Café *gehen*?	カフェに行きませんか？（提案）
Was *soll* ich *machen*?	私は何をすればよいですか？
Darf ich Sie kurz *stören*?	ちょっとお邪魔してもいいですか？
Hier *darf* man nicht *fotografieren*.	ここでは写真をとってはいけません。（禁止）
Der Arzt *mag* etwa siebzig Jahre alt *sein*.	その医者は70歳くらいかもしれない。

・möchte「…したい」（願望）、lassen「…させる」（使役）も助動詞として使います。

Wohin *möchtest* du im Urlaub *fahren*?	—	Ich *möchte* nach Italien *fahren*.
休暇にどこへ行きたいですか？	—	イタリアに行きたいです。
Mein Vater *lässt* sein Auto *reparieren*.		父は車を修理してもらう。

◎受動文

werden ＋過去分詞（文末）

Barbara *wird* immer von ihrer Mutter *gelobt*.	バルバラはいつも母からほめられる。
Dieses Theater *wurde* vorletztes Jahr *gebaut*.	この劇場はおととし建てられた。
Thomas *wurde* durch eine Operation *gerettet*.	トーマスは手術によって救われた。

状態受動「…されている」（受動の結果）⇒ sein ＋過去分詞（文末）

Das Geschäft *ist* auch sonntags *geöffnet*.	そのお店は日曜日も開いています。
Das Restaurant *ist* sehr gut *besucht*.	そのレストランはとてもよく客が入っている。

文法チェック

1　次の文章を（　　　）の助動詞を使って書き換えなさい。

① Kommst du morgen zu uns?　　　　　　　（können）

② Makoto geht jeden Tag zur Sprachschule.　（müssen）

③ Er studiert in Deutschland.　　　　　　　（wollen）

④ Mache ich das Fenster auf?　　　　　　　（sollen）

⑤ Hier parkt man nicht.　　　　　　　　　（dürfen）

⑥ Was trinkst du?　　　　　　　　　　　　（möchte）

2　[　　　]に werden を、点線部に（　　　）の動詞を適切な形にして入れ、受動文を完成させなさい。

① Der Professor [　　　　　　　] von den Studenten viel _____.
　（fragen）

　その教授は学生たちからたくさん質問を受ける。

② Auch in der Schweiz [　　　　　　　] Deutsch _____. （sprechen）

　スイスでもドイツ語が話される。

③ „Die Zauberflöte" [　　　　　　] von Mozart _____. （komponieren）

　『魔笛』はモーツァルトによって作曲された。

3　ドイツ語に訳しなさい。

① 彼女は昨夜（heute Nacht）よく眠れなかった（schlafen）。

② ママ（Mama）、アイスが食べたい（ein Eis essen）！

③ きょう新しい（neu）アメリカ大統領（囲 US-Präsident）が選ばれました（wählen）。

④ この美術館（囲 Museum）は月曜日（montags）は休館です（schließen）。（状態受動で）

— 47 —

文法メモ

■不定関係代名詞

＜不定関係代名詞＞の wer、was は先行詞がなくても使うことができます。

> wer ⇒ …する人は
> was ⇒ …するもの・こと

Wer nach Wien fährt, soll unbedingt ein klassisches Kaffeehaus besuchen.
ウィーンに行く人は、ぜひとも伝統的なカフェを訪れるべきだ。

Wer zuerst kommt, mahlt zuerst.　　　　　最初に来た人が最初に粉をひく。（ことわざ）

Wer vor der Vergangenheit die Augen verschließt, wird blind für die Gegenwart.
過去に目を閉ざす人は、現在に対して盲目になる。（ヴァイツゼッカー、1920-2015）

Was die Medien sagen, ist nicht immer richtig.
メディアが言うことが、いつも正しいとは限らない。

Tu, ***was*** du willst!　　　　　　　　　　君がしたいと思うことをしなさい！

・不定関係代名詞の was は、よく alles（すべてのもの・こと）、nichts（何も…ない）などと共に用いられます。

Das ist alles, ***was*** ich weiß.　　　　　これが私の知っているすべてです。

In dieser Mensa gibt es nichts, ***was*** ich essen möchte.
この学食には、私の食べたいものが何もない。

■合成語

単語と単語を組み合わせると、合成語を作ることができます。名詞の場合、文法上の性は最後に来る語の性に従います。

das Haus 家 ＋ die Aufgabe 課題	＝ die Hausaufgabe 宿題
die Kinder 子供たち ＋ der Garten 庭	＝ der Kindergarten 幼稚園
der Abend 晩 ＋ das Essen 食事	＝ das Abendessen 夕食
der Schaden 損害、失敗 ＋ die Freude 喜び	＝ die Schadenfreude 他人の不幸を喜ぶ気持ち
das Wunder 奇跡 ＋ schön 美しい	＝ wunderschön すばらしく美しい

接着剤として s や n などが間にはさまる場合もあります。

die Geburt 誕生 ＋ der Tag 日	＝ der Geburtstag 誕生日
die Arbeit 仕事 ＋ der Platz 場所	＝ der Arbeitsplatz 職場
die Woche 週 ＋ das Ende 終わり	＝ das Wochenende 週末

Lektion 8

旧西ドイツは 1950 年代に労働力不足を補うため、大勢の外国人労働者を募集しました。彼らの中には出身国に帰らずドイツに留まり、ドイツ国籍を取得した人も多くいました。

Geschichte der Gastarbeiter

 Die Geschichte der Gastarbeiter in der Bundesrepublik Deutschland ist fast so alt wie der Staat selbst. In den 1950er Jahren, als sich die Bundesrepublik wirtschaftlich unerwartet schnell entwickelte, fehlten Arbeitskräfte. Aus diesem Grund schloss die Bundesrepublik mit mehreren Staaten Anwerbeabkommen ab. Arbeiter aus diesen Ländern, die sogenannten „Gastarbeiter", durften nun befristet in Deutschland arbeiten.

 Die Lebens- und Arbeitsbedingungen der Gastarbeiter waren lange sehr schlecht. Die meisten kamen zunächst allein ohne Familien. Sie lebten in Wohnheimen und Baracken ohne Komfort. Außerdem hatten sie Schwierigkeiten mit der Sprache und der fremden Umgebung. Viele hatten Heimweh. Sie akzeptierten trotzdem schmutzige und körperlich schwere Arbeiten. Denn ihr Ziel war es, Geld nach Hause zu schicken oder zu sparen, um später im Heimatland ein besseres Leben zu führen.

 Wegen der Ölkrise stoppte 1973 die Anwerbung von Gastarbeitern. Sie mussten sich nun entscheiden, ob sie bleiben oder in ihre Heimatländer zurückkehren wollten. Von den 14 Millionen Gastarbeitern gingen elf Millionen in ihre Heimat zurück. Etwa 3 Millionen von ihnen blieben. Viele holten ihre Familien nach und sind inzwischen deutsche Staatsbürger geworden.

男 Gastarbeiter: 外国人労働者 / unerwartet: 思いがけなく / mehrere Staaten: 具体的には次の国々のこと。イタリア（1955）、ギリシャ、スペイン（1960）、トルコ（1961）、モロッコ（1963）、ポルトガル（1964）、チュニジア（1965）、旧ユーゴスラヴィア（1968）/ 中 Anwerbeabkommen: 労働者募集協定 / befristet: 期限付きで /
男 Komfort: 快適さ / außerdem: それに加えて / ein besseres Leben führen: よりよい生活を送る / 女 Ölkrise: オイルショック / 女 Anwerbung: 募集 / nach|holen: 呼び寄せる / 男 Staatsbürger: 国民

Lektion 8

1950年以降にドイツにやってきた移住者、およびその子孫を「移民の背景を持つ人」と呼びます。2015年現在、ドイツには約1700万人強の移民の背景を持つ人々が暮らしています。

Menschen mit Migrationshintergrund

　Menschen mit Migrationshintergrund, so nennt man seit 1950 nach Deutschland Zugewanderte und deren Nachkommen. 2015 lebten in Deutschland ca. 17,1 Millionen Menschen mit ausländischen Wurzeln, das sind 21 Prozent der Gesamtbevölkerung. Die größte Gruppe von ihnen stammt aus der Türkei, gefolgt von Polen und Russland.

　Diese Menschen haben ihre Spuren in der Gesellschaft hinterlassen. Ihre Einflüsse sind nicht mehr wegzudenken. Sie haben Deutschland zu einem kulturell vielfältigen Land gemacht. Es gibt bemerkenswerte Karrieren in vielen Bereichen, so in der Politik Cem Özdemir, im kulturellen Bereich der Regisseur Fatih Akin und im Sport Lukas Podolski oder Mesut Özil. Das sind Namen, die nicht nur in Deutschland allgemein bekannt sind.

　Die kulturelle Vielfalt wird leider nicht von allen begrüßt. In den 1990er Jahren geschahen einige ausländerfeindliche Gewalttaten. Die Geschichte der Menschen mit Migrationshintergrund in Deutschland ist leider zum Teil eine Geschichte des gegenseitigen Unverständnisses und der Ablehnung. Für die Stabilität der deutschen Gesellschaft ist die Integration der Menschen mit Migrationshintergrund dringend erforderlich.

複 Menschen mit Migrationshintergrund: 移民の背景を持つ人々 / 複 Zugewanderte: 移住者 / 女 Gesamtbevölkerung: 総人口 / weg|denken: 無視する / vielfältig: 多様な / 女 Karriere: 職業的な成功 / Cem Özdemir: ジェム・オズデミル（1965- ）。「同盟90/ 緑の党」に所属する政治家 / Fatih Akin: ファティ・アキン（1973- ）。映画監督。代表作『愛より強く』(Gegen die Wand) / Lukas Podolski：ルーカス・ポドルスキ（1985- ）。サッカー選手 / Mesut Özil: メスト・エジル（1988- ）。サッカー選手 / einige ausländerfeindliche Gewalttaten: たとえばホイヤースヴェルダ（1991）、ロストック（1992）、メルン（1992）、ゾーリンゲン（1993）等の町で襲撃事件が起きた / zum Teil: 部分的には / 女 Integration: 統合

Lektion 8

1　本文中の zu 不定詞に下線を引きなさい。

2　次の略語の読み方と意味を書きなさい。

略語	読み方	意味
bzw.		
ca.		
d. h.		
u. a.		
usw.		
z. B.		

3　ドイツには隣国が 9 つあります。国名と首都をドイツ語で書きなさい。

国名	首都

◎移民の背景を持つ人々（Menschen mit Migrationshintergrund）
　「移民の背景を持つ人」というのは、1950 年以降ドイツにやってきた移住者およびその子孫のことです。ドイツに住んでいる外国人、ドイツで生まれた外国人、ドイツ国籍を取得した外国人、両親のうちどちらか一方がこれらに当てはまる人を、「移民の背景を持つ人」と呼びます。ドイツの人口の約 20％が「移民の背景を持つ人」に属し、その約半数がドイツ国籍を取得しています。

文法ノート

◎形容詞の比較表現

原級比較

Meine Tochter ist *so groß wie* ich.　　　　　　　私の娘は私と同じ身長だ。

Heute ist es nicht *so heiß wie* gestern.　　　　　今日は昨日ほど暑くない。

比較級

Die Donau ist *länger* als der Rhein.　　　　　　ドナウ川はライン川よりも長い。

Toni spielt *besser* Fußball als Mario.　　　　　トーニはマリオよりサッカーがうまい。

Heute haben wir *schöneres* Wetter als gestern.　今日は昨日より天気がよい。

最上級

Marco ist *am jüngsten* von uns.　　　　　　　　マルコは私たちの中でいちばん若い。

Thomas spielt *am besten* Fußball von uns.　　　トーマスは私たちの中でいちばんサッカーがうまい。

Kennst du den *längsten* Fluss Europas?　　　　ヨーロッパで一番長い川を知ってる？

◎ zu 不定詞（2）

・副詞的用法

Makoto lernt intensiv Deutsch, *um* in Deutschland *zu studieren*.
マコトはドイツに留学するために、熱心にドイツ語を学んでいる。

Niemand kann die Prüfung bestehen, *ohne* regelmäßig *zu lernen*.
規則正しく勉強することなしに、誰も試験には合格しない。

Wir haben den ganzen Tag getrunken, *statt zu arbeiten*.
私たちは仕事をするかわりに、一日中飲んでいた。

・sein ＋ zu 不定詞：…されうる、…されなければならない

Das Buch *ist* leicht *zu lesen*.　　　　　　　　その本はかんたんに読めます。

Der Computer *ist* nicht mehr *zu reparieren*.　　そのコンピュータはもう修理できない。

Diese Arbeit *ist* sofort *zu erledigen*.　　　　　この仕事はすぐに片付けなければなりません。

・haben ＋ zu 不定詞：…しなければならない

Wir *haben* auch am Sonntag *zu arbeiten*.　　　私たちは日曜日も働かなければならない。

— 52 —

文法チェック

1 （　　　）の形容詞を比較級または最上級に直して点線部に入れなさい。

① Er ist genauso alt wie ich. Aber er sieht .... aus als ich.（jung）

② München gefällt mir .... als Hamburg.（gut）

③ Die Zugspitze ist der .... Berg in Deutschland.（hoch）

④ Ich trinke gern Bier. Aber ich trinke am .... Wein.（gern）

⑤ Wie komme ich am .... zum Flughafen?（schnell）

2 次の文章を日本語に訳しなさい。

① Makoto ging nach Bonn, um Germanistik zu studieren.

② Diese Probleme sind leicht zu lösen.

③ Vier Augen sehen mehr als zwei.　（ことわざ）

④ Spieglein, Spieglein an der Wand, wer ist die Schönste im ganzen Land?

3 ドイツ語に訳しなさい。

① 彼はヨーロッパ（Europa）に旅行する（reisen）ために、たくさん（viel）アルバイトをしています（jobben）。

② 私はよく考え（überlegen）ずに、与党（囡 Regierungspartei）に投票した（für ...^{4} stimmen）。

③ マコトは私たちよりもドイツ語を上手に話します（sprechen）。

④ Barbaraは自転車（囲 Fahrrad）で仕事（囡 Arbeit）に行くのがいちばん好きです。

— 53 —

文法メモ

■ da(r) ＋前置詞

前置詞 ＋（もの・ことを示す）人称代名詞　⇒　＜ da ＋ 前置詞＞

Ich habe einen Füller gekauft. *Damit* schreibe ich einen Roman.
私は万年筆を買いました。それを使って小説を書きます。

Dort ist ein Theater, *daneben* ein Kaffeehaus.
そこには劇場があり、そのとなりにカフェがあります。

・母音で始まる前置詞の場合、＜ dar ＋前置詞＞の形になります。

Sie nahm die Bierflasche und trank *daraus*.　　彼女はビール瓶を手に取り、ラッパ飲みした。

Wir freuen uns *darüber*, dass Makoto fleißig Deutsch lernt.
マコトが勤勉にドイツ語を勉強していて、私たちはうれしい。

■ wo(r) ＋前置詞

前置詞 ＋ 疑問詞 was　⇒　＜ wo ＋ 前置詞＞

Wofür interessieren Sie sich?　　　　　　　あなたは何に興味がありますか？

Womit beschäftigt sich Makoto im Moment?　　マコトはいま何に取り組んでいるの？

Wovon man nicht sprechen kann, *darüber* muss man schweigen.
語ることができないことについては、沈黙するしかない。（ヴィトゲンシュタイン、1889-1951）

・母音で始まる前置詞の場合、＜ wor ＋前置詞＞の形になります。

Woran denkst du gerade?　　　　いま何を考えているの？

Worüber sprecht ihr jetzt?　　　君たちはいま何について話しているの？

■前置詞とともに用いられる動詞・形容詞

an ...^{4} denken	...^{4} のことを考える	auf ...^{4} warten	...^{4} を待つ
auf ...^{4} antworten	...^{4} に答える	nach ...^{3} fragen	...^{3} を尋ねる
um ...^{4} bitten	...^{4} を頼む		
auf ...^{4} stolz sein	...^{4} を誇りにしている	mit ...^{3} zufrieden sein	...^{3} に満足している

Lektion 9

ドイツ語の特徴は何だと思いますか？　以下のテキストでは、フランス語は庭園、イタリア語は明るい森にたとえられています。ではドイツ語は……。

Vom deutschen Stil

　　Jede Sprache hat ihre Eigenarten. Der Schweizer Dichter Heinrich Federer hat das Wesen der deutschen Sprache einmal durch einen schönen Vergleich veranschaulicht: „Französisch ist ein edler Park, Italienisch ein großer, heller, bunter Wald. Aber Deutsch ist beinahe wie ein Urwald, so dicht und geheimnisvoll, so ohne großen Durchgang und doch tausendpfadig. Im Park kann man sich nicht verirren, in der italienischen Waldhelle nicht so leicht und gefährlich; aber im Deutschen kann einer in vier, fünf Minuten im Dickicht verschwinden."

　　In der Tat: Die deutsche Sprache bietet dem Einzelnen eine grenzenlose Fülle von Ausdrucksmöglichkeiten; sie führt ihn in das blühende Leben hinein und lässt den Armen dort glücklich und — schuldig werden. Ihre Begriffe haben nicht den scharfen Umriss der französischen, weil die bildliche Bedeutung ihrer Wurzel mitschwingt; sie sind weniger konventionell, weil sie nicht aus der Schule einer unermüdlichen Geselligkeit kommen; sie sind keine bloßen abstrakten Rechenpfennige, sondern jedermann kann selbst die Münzen prägen, die er ausgibt. Französisch schreibt gut, wer so schreibt wie die anderen; nur die unauffällige Schönheit ist gestattet. Deutsch kann man nur gestaltend, nur individuell schreiben.

Heinrich Federer: ハインリヒ・フェーデラー（1866-1928）。スイスの作家 / veranschaulichen: 具体的に示す / tausendpfadig: 無数に小道がある / 囡 Waldhelle: 明るい森 / im Deutschen < das Deutsche: ドイツ語 / in der Tat: 本当に / 囡 Ausdrucksmöglichkeit：表現の可能性 / bildlich: 具体的な / mit|schwingen: 共振する / konventionell: 慣習的な / unermüdlich: 尽きることのない / 男 Rechenpfennig：（昔、計算の補助のために用いた）模造コイン / unauffällig: 控えめな

Lektion 9

このテキストでは、ドイツ語はイタリア語のように華やかでもなく、フランス語のようにクリアでもなく、また英語のように便利でもないと書かれています。ではドイツ語の本質はどこにあるのでしょうか？

Darum widerstrebt das Deutsche der Vollkommenheit; in einer so wunderlichen Sprache wie der deutschen, sagt Goethe, bleibt immer etwas zu wünschen übrig. Sie ist nie abgeschlossen, sondern stets im Aufbruch. Sie ist nicht so prächtig wie die italienische, nicht so klar wie die französische und nicht so handlich wie die
5 englische. Aber das Raunende und Dämmernde, der Traum und die Ahnung,
　　　　　die große Kunst des Hintergrundes
　　　　　und das Geheimnis zweifelhafter Lichter,
sie gewinnen im Deutschen Gestalt. Die Ruhe und das Behagen des wohlumfriedeten Hauses gewährt uns das Deutsche nur selten, stets reißt es die
10 Fenster auf und gibt den Blick frei auf die Unendlichkeit, und der Zugwind eines ewigen Werdens lässt Papiere und Gedanken durcheinanderflattern. Kurzum, das Deutsche ist die Sprache der Deutschen, die Gott mit dem Hang zum Grenzenlosen gesegnet und geschlagen hat, für die der Weg mehr bedeutet als das Ziel und der Kampf mehr als die Vollendung.

Goethe: ゲーテ（1749-1832）。ドイツを代表する詩人 / übrig bleiben: 余地がある / im Aufbruch sein: 目覚めつつある / das Raunende < raunen / das Dämmernde < dämmern / zweifelhaft: おぼろげな / wohlumfriedet：塀に囲まれて安全な / den Blick auf ...⁴ geben: …⁴ へと眼差しを向けさせる / 男 Zugwind: 吹き込む風 / durcheinander|flattern: 入り乱れて舞い飛ぶ / der Hang zu ...³：…³ への性向 / gesegnet < 人⁴ mit ...³ segnen: 人⁴ に…³ を（祝福として）授ける / geschlagen < 人⁴ mit ...³ schlagen: 人⁴ に…³ を（過酷な運命として）与える

ドイツの深い森

ドイツ語の規範の一つになった
ルター訳の聖書

Lektion 9

1. 本文中の定冠詞類・不定冠詞類を （　） で囲みなさい。

2. 本文中の次の人称代名詞が指す語句をドイツ語で書きなさい。

行（Zeile）	人称代名詞	語句
S.55, Z.9	sie	die deutsche Sprache
Z.9	ihn	
Z.12,12,13	sie	
Z.15	er	
S.56, Z.3	Sie	
Z.8	sie	
Z.9	es	

3. 本文から現在分詞を抜き出し、もとの動詞の不定形を書きなさい。

現在分詞	不定形

文法ノート

◎定冠詞類

定冠詞類 ⇒ 定冠詞とほとんど同じ変化

主な定冠詞類　dieser　この…　　　　jeder　どの…も　　　welcher　どの…？
　　　　　　　aller　すべての…　　mancher　いくつかの…　solcher　そのような…

	男	女	中	複
1 格	dies-**er** Tisch	dies-**e** Tasche	dies-**es** Buch	dies-**e** Schuhe
2 格	dies-**es** Tisch(e)s	dies-**er** Tasche	dies-**es** Buch(e)s	dies-**er** Schuhe
3 格	dies-**em** Tisch	dies-**er** Tasche	dies-**em** Buch	dies-**en** Schuhen
4 格	dies-**en** Tisch	dies-**e** Tasche	dies-**es** Buch	dies-**e** Schuhe

◎不定冠詞類

不定冠詞類（所有冠詞と否定冠詞）⇒ 不定冠詞とほとんど同じ変化。複数もある。

所有冠詞　mein 私の…　dein 君の…　sein 彼の…、その…　ihr 彼女の…、彼らの…
　　　　　unser 私たちの…　euer 君たちの…　Ihr あなたの…、あなたがたの…

否定冠詞　kein

	男	女	中	複
1 格	mein Vater	mein-**e** Mutter	mein Kind	mein-**e** Kinder
2 格	mein-**es** Vaters	mein-**er** Mutter	mein-**es** Kind(e)s	mein-**er** Kinder
3 格	mein-**em** Vater	mein-**er** Mutter	mein-**em** Kind	mein-**en** Kindern
4 格	mein-**en** Vater	mein-**e** Mutter	mein Kind	mein-**e** Kinder

◎現在分詞の用法

現在分詞 ⇒ 動詞の語幹＋ end（ただし、不定形の語尾が -n だけの動詞には 語幹＋ nd）

　動詞を現在分詞にすると、「…している」「…しつつある」の意味の形容詞・副詞になります。

　　　Die Ratten verlassen das **sinkende** Schiff.（sinken）
　　　　ネズミは沈む船を見捨てる。
　　　Er fährt immer Musik **hörend** Auto.（hören）
　　　　彼はいつも音楽を聞きながら車を運転する。
　　　In der Kälte **frierend** wartet ein **Reisender** auf den Zug.（frieren, reisen）
　　　　寒さに凍えながら旅行者が電車を待っている。

文法チェック

1 （　　　　）に適当な冠詞を入れなさい。

① （　　　　　　　　　　）Hemd gefällt dir am besten?　　どのシャツが一番好き？

② Warum ist（　　　　　　　　　）Chef immer so arrogant?

　　どうして私たちの上司はいつもあんなに傲慢なんだ？

③ Vielen Dank! —（　　　　　　　）Ursache!　　どうもありがとう！ — どういたしまして！

④ （　　　　　　　）Recht soll（　　　　　　）Menschen gegeben werden.

　　この権利はすべての人に与えられるべきだ。

⑤ （　　　　　　　）Tag gibt Makoto mit（　　　　　　　）Lehrbuch（　　　　　　）

　Studenten Deutschunterricht.

　　毎日マコトはこの教科書で彼の学生たちにドイツ語の授業をしている。

2 次の文章を日本語に訳しなさい。

① Jeder Mensch hat zwei Seiten, nämlich eine positive und eine negative.

② Kein Lehrer konnte auf unsere Frage antworten.

③ Wir haben schweigend die untergehende Sonne betrachtet.

④ Mehr Studierende sollen ein Stipendium bekommen.

3 ドイツ語に訳しなさい。

① 私の友達のお父さんはドイツで働いている。

② 私の父はいつもビールを飲みながら野球を見る（Baseballspiel sehen）。

③ Barbara とマコトは彼らの最初の結婚記念日（圐 Hochzeitstag）を祝った（feiern）。

— 59 —

数字

◎基数

13～19 ⇒ -zehn
20、30、40、50… ⇒ -zig（ただし 30 は -ßig）
2桁の数 ⇒ ＜1の位＞und＜10の位＞ 例）23: **drei**und**zwanzig**（3と20）
2桁の「1」 ⇒ ein- 例）21: **ein**undzwanzig

0	null				
1	eins	11	elf	21	**ein**undzwanzig
2	zwei	12	zwölf	22	zweiundzwanzig
3	drei	13	dreizehn	30	drei**ßig**
4	vier	14	vierzehn	40	vierzig
5	fünf	15	fünfzehn	50	fünfzig
6	sechs	16	**sechzehn**	60	**sechzig**
7	sieben	17	**siebzehn**	70	**siebzig**
8	acht	18	achtzehn	80	achtzig
9	neun	19	neunzehn	90	neunzig
10	zehn	20	**zwanzig**		

100 (ein)hundert   200 zweihundert   1,000 (ein)tausend
1,000,000   eine Million
2,000,000   zwei Millionen

ユーロ紙幣

ユーロ貨幣

レストランの手書きのメニュー

数　字

◎序数

１番目の…、２番目の…、３番目の…を＜序数＞といいます。

1 ～ 19 ⇒ 数詞＋ t
20 ～　⇒ 数詞＋ st

1.	**erst**	11.	elft	21.	einundzwanzigst
2.	zweit	12.	zwölft	22.	zweiundzwanzigst
3.	**dritt**	13.	dreizehnt	30.	dreißigst
4.	viert	14.	vierzehnt	40.	vierzigst
5.	fünft	15.	fünfzehnt	50.	fünfzigst
6.	sechst	16.	sechzehnt	60.	sechzigst
7.	**siebt**	17.	siebzehnt	70.	siebzigst
8.	**acht**	18.	achtzehnt	80.	achtzigst
9.	neunt	19.	neunzehnt	90.	neunzigst
10.	zehnt	20.	zwanzigst		

100. hundertst　　　101. hundert**erst**　　　　1000. tausendst

・序数を数字で書くときは、後ろにピリオドを打ちます。
・序数は形容詞として使えます。
・日付は序数を使って表します。

Heute Abend haben wir die **9**. (*neunt*e) Sinfonie von Beethoven gehört.
Heute ist der **23**. (*dreiundzwanzigst*e) Juli.
Ich habe am **15**. (*fünfzehnt*en) Oktober Geburtstag.
Unsere Wohnung ist im **6**. (*sechst*en) Stock.

◎年号の読み方

・～ 1099 年　　　　1045 ⇒ eintausendfünfundvierzig (1045)
・1100 年～ 1999 年　　1968 ⇒ neunzehn***hundert***achtundsechzig (19***hundert***68)
・2000 年～　　　　2018 ⇒ zweitausendachtzehn (2018)

文法表

●人称代名詞

		1人称	2人称 （親称）	3人称			2人称 （敬称）
単数	1格	ich	du	er	sie	es	Sie
	3格	mir	dir	ihm	ihr	ihm	Ihnen
	4格	mich	dich	ihn	sie	es	Sie
複数	1格	wir	ihr	sie			Sie
	3格	uns	euch	ihnen			Ihnen
	4格	uns	euch	sie			Sie

●再帰代名詞

	ich	du	er/sie/es	wir	ihr	sie	Sie
3格	mir	dir	**sich**	uns	euch	**sich**	**sich**
4格	mich	dich	**sich**	uns	euch	**sich**	**sich**

●関係代名詞

	男	女	中	複
1格	der	die	das	die
2格	dessen	deren	dessen	deren
3格	dem	der	dem	denen
4格	den	die	das	die

●動詞の語尾

	①現在形	②過去形、話法の助動詞
ich	〜e	〜
du	〜st	〜st
er/sie/es	〜t	〜
wir	〜en	
ihr	〜t	
sie	〜en	
Sie	〜en	

文法表

● sein、haben、werden の現在人称変化

	sein	haben	werden
ich	bin	habe	werde
du	bist	hast	wirst
er/sie/es	ist	hat	wird
wir	sind	haben	werden
ihr	seid	habt	werdet
sie	sind	haben	werden
Sie	sind	haben	werden

●動詞の 3 基本形

	不定形	過去基本形	過去分詞
規則動詞	〜 en	〜 te	ge 〜 t
	lern-en	lern-te	ge-lern-t
不規則動詞①	〜 en	⁎̰	ge ⁽⁎⁾ en
	komm-en	kam	ge-komm-en
不規則動詞②	〜 en	⁎̰ te	ge ⁎̰ t
	bring-en	brach-te	ge-brach-t

＊は母音の変化

●接続法第 2 式

	kaufen	kommen	sein	haben	werden
接 2 基本形	kaufte	käme	wäre	hätte	würde
ich	kaufte	käme	wäre	hätte	würde
du	kaufte-st	käme-st	wäre-st	hätte-st	würde-st
er/sie/es	kaufte	käme	wäre	hätte	würde
wir	kaufte-n	käme-n	wäre-n	hätte-n	würde-n
ihr	kaufte-t	käme-t	wäre-t	hätte-t	würde-t
sie	kaufte-n	käme-n	wäre-n	hätte-n	würde-n
Sie	kaufte-n	käme-n	wäre-n	hätte-n	würde-n

文法表

●冠詞

・定冠詞

	男	女	中	複
1格	**der** Mann	**die** Frau	**das** Kind	**die** Kinder
2格	**des** Mann(e)s	**der** Frau	**des** Kind(e)s	**der** Kinder
3格	**dem** Mann	**der** Frau	**dem** Kind	**den** Kindern
4格	**den** Mann	**die** Frau	**das** Kind	**die** Kinder

・不定冠詞

	男	女	中
1格	**ein** Mann	**eine** Frau	**ein** Kind
2格	**eines** Mann(e)s	**einer** Frau	**eines** Kind(e)s
3格	**einem** Mann	**einer** Frau	**einem** Kind
4格	**einen** Mann	**eine** Frau	**ein** Kind

・定冠詞類

	男	女	中	複
1格	dies-**er** Tisch	dies-**e** Tasche	dies-**es** Buch	dies-**e** Schuhe
2格	dies-**es** Tisch(e)s	dies-**er** Tasche	dies-**es** Buch(e)s	dies-**er** Schuhe
3格	dies-**em** Tisch	dies-**er** Tasche	dies-**em** Buch	dies-**en** Schuhen
4格	dies-**en** Tisch	dies-**e** Tasche	dies-**es** Buch	dies-**e** Schuhe

・不定冠詞類

	男	女	中	複
1格	mein Vater	mein-**e** Mutter	mein Kind	mein-**e** Kinder
2格	mein-**es** Vaters	mein-**er** Mutter	mein-**es** Kind(e)s	mein-**er** Kinder
3格	mein-**em** Vater	mein-**er** Mutter	mein-**em** Kind	mein-**en** Kindern
4格	mein-**en** Vater	mein-**e** Mutter	mein Kind	mein-**e** Kinder

文法表

●形容詞の語尾
①定冠詞（類）＋形容詞＋名詞

	男	女	中	複
1格	der rot-**e** Rock	die rot-**e** Bluse	das rot-**e** Hemd	die rot-**en** Schuhe
2格	des rot-**en** Rock(e)s	der rot-**en** Bluse	des rot-**en** Hemd(e)s	der rot-**en** Schuhe
3格	dem rot-**en** Rock	der rot-**en** Bluse	dem rot-**en** Hemd	den rot-**en** Schuhen
4格	den rot-**en** Rock	die rot-**e** Bluse	das rot-**e** Hemd	die rot-**en** Schuhe

②不定冠詞（類）＋形容詞＋名詞

	男	女	中	複
1格	ein rot-**er** Rock	eine rot-**e** Bluse	ein rot-**es** Hemd	meine rot-**en** Schuhe
2格	eines rot-**en** Rock(e)s	einer rot-**en** Bluse	eines rot-**en** Hemd(e)s	meiner rot-**en** Schuhe
3格	einem rot-**en** Rock	einer rot-**en** Bluse	einem rot-**en** Hemd	meinen rot-**en** Schuhen
4格	einen rot-**en** Rock	eine rot-**e** Bluse	ein rot-**es** Hemd	meine rot-**en** Schuhe

③無冠詞＋形容詞＋名詞

	男	女	中	複
1格	heiß-**er** Kaffee	warm-**e** Suppe	kalt-**es** Wasser	groß-**e** Hotels
2格	heiß-**en** Kaffees	warm-**er** Suppe	kalt-**en** Wassers	groß-**er** Hotels
3格	heiß-**em** Kaffee	warm-**er** Suppe	kalt-**em** Wasser	groß-**en** Hotels
4格	heiß-**en** Kaffee	warm-**e** Suppe	kalt-**es** Wasser	groß-**e** Hotels

おもな不規則動詞の変化表

不 定 詞	直説法現在	直説法過去	接続法第 2 式	過 去 分 詞
beginnen 始める，始まる		**begann**	begänne (begönne)	**begonnen**
bieten 提供する		**bot**	böte	**geboten**
binden 結ぶ		**band**	bände	**gebunden**
bitten 頼む		**bat**	bäte	**gebeten**
bleiben とどまる		**blieb**	bliebe	**geblieben**
brechen 破る	*du* brichst *er* bricht	**brach**	bräche	**gebrochen**
bringen もたらす		**brachte**	brächte	**gebracht**
denken 考える		**dachte**	dächte	**gedacht**
dürfen 〜してもよい	*ich* darf *du* darfst *er* darf	**durfte**	dürfte	**gedurft** (**dürfen**)
essen 食べる	*du* isst *er* isst	**aß**	äße	**gegessen**
fahren （乗り物で）行く	*du* fährst *er* fährt	**fuhr**	führe	**gefahren**
fallen 落ちる	*du* fällst *er* fällt	**fiel**	fiele	**gefallen**
fangen 捕まえる	*du* fängst *er* fängt	**fing**	finge	**gefangen**
finden 見つける		**fand**	fände	**gefunden**
fliegen 飛ぶ		**flog**	flöge	**geflogen**
geben 与える	*du* gibst *er* gibt	**gab**	gäbe	**gegeben**
gehen 行く		**ging**	ginge	**gegangen**
gelingen うまくいく	*es* gelingt	**gelang**	gelänge	**gelungen**
genießen 楽しむ		**genoss**	genösse	**genossen**

不 定 詞	直説法現在	直説法過去	接続法第2式	過 去 分 詞
geschehen 起こる	*es* geschieht	**geschah**	geschähe	**geschehen**
gewinnen 得る		**gewann**	gewänne (gewönne)	**gewonnen**
graben 掘る	*du* gräbst *er* gräbt	**grub**	grübe	**gegraben**
greifen つかむ		**griff**	griffe	**gegriffen**
haben 持っている	*du* hast *er* hat	**hatte**	hätte	**gehabt**
halten つかんでいる	*du* hältst *er* hält	**hielt**	hielte	**gehalten**
hängen かかっている		**hing**	hinge	**gehangen**
heißen 〜と呼ばれる		**hieß**	hieße	**geheißen**
helfen 助ける	*du* hilfst *er* hilft	**half**	hülfe (hälfe)	**geholfen**
kennen 知る		**kannte**	kennte	**gekannt**
kommen 来る		**kam**	käme	**gekommen**
können 〜できる	*ich* kann *du* kannst *er* kann	**konnte**	könnte	**gekonnt** (**können**)
laden 積む	*du* lädst *er* lädt	**lud**	lüde	**geladen**
lassen 〜させる	*du* lässt *er* lässt	**ließ**	ließe	**gelassen**
laufen 走る	*du* läufst *er* läuft	**lief**	liefe	**gelaufen**
lesen 読む	*du* liest *er* liest	**las**	läse	**gelesen**
liegen 横たわっている		**lag**	läge	**gelegen**
mögen 好きである 〜かもしれない	*ich* mag *du* magst *er* mag	**mochte**	möchte	**gemocht** (**mögen**)
müssen 〜しなければならない	*ich* muss *du* musst *er* muss	**musste**	müsste	**gemusst** (**müssen**)
nehmen 取る	*du* nimmst *er* nimmt	**nahm**	nähme	**genommen**

不定詞	直説法現在	直説法過去	接続法第2式	過去分詞
nennen 名を言う		**nannte**	nennte	**genannt**
raten 助言する	*du* rätst *er* rät	**riet**	riete	**geraten**
reiten 馬に乗る		**ritt**	ritte	**geritten**
rufen 呼ぶ		**rief**	riefe	**gerufen**
scheinen ～に見える，輝く		**schien**	schiene	**geschienen**
schlafen 眠っている	*du* schläfst *er* schläft	**schlief**	schliefe	**geschlafen**
schlagen 打つ	*du* schlägst *er* schlägt	**schlug**	schlüge	**geschlagen**
schließen 閉じる		**schloss**	schlösse	**geschlossen**
schneiden 切る		**schnitt**	schnitte	**geschnitten**
schreiben 書く		**schrieb**	schriebe	**geschrieben**
schreien 叫ぶ		**schrie**	schriee	**geschrie[e]n**
schweigen 黙る		**schwieg**	schwiege	**geschwiegen**
schwimmen 泳ぐ		**schwamm**	schwömme (schwämme)	**geschwommen**
sehen 見る	*du* siehst *er* sieht	**sah**	sähe	**gesehen**
sein ～である	*ich* bin *du* bist *er* ist	**war**	wäre	**gewesen**
singen 歌う		**sang**	sänge	**gesungen**
sinken 沈む		**sank**	sänke	**gesunken**
sitzen すわっている		**saß**	säße	**gesessen**
sollen ～すべきである	*ich* soll *du* sollst *er* soll	**sollte**	sollte	**gesollt** **(sollen)**
sprechen 話す	*du* sprichst *er* spricht	**sprach**	spräche	**gesprochen**

不　定　詞	直説法現在	直説法過去	接続法第2式	過　去　分　詞
stehen 立っている		**stand**	stünde (stände)	**gestanden**
steigen 登る		**stieg**	stiege	**gestiegen**
sterben 死ぬ	*du* stirbst *er* stirbt	**starb**	stürbe	**gestorben**
tragen 運ぶ	*du* trägst *er* trägt	**trug**	trüge	**getragen**
treffen 出会う	*du* triffst *er* trifft	**traf**	träfe	**getroffen**
treiben 追う		**trieb**	triebe	**getrieben**
treten 歩む	*du* trittst *er* tritt	**trat**	träte	**getreten**
trinken 飲む		**trank**	tränke	**getrunken**
tun する		**tat**	täte	**getan**
vergessen 忘れる	*du* vergisst *er* vergisst	**vergaß**	vergäße	**vergessen**
verlieren 失う		**verlor**	verlöre	**verloren**
verschwinden 消える		**verschwand**	verschwände	**verschwunden**
wachsen 成長する	*du* wächst *er* wächst	**wuchs**	wüchse	**gewachsen**
waschen 洗う	*du* wäschst *er* wäscht	**wusch**	wüsche	**gewaschen**
wenden 向ける		**wandte**	wendete	**gewandt**
werden ～になる	*du* wirst *er* wird	**wurde**	würde	**geworden**
werfen 投げる	*du* wirfst *er* wirft	**warf**	würfe	**geworfen**
wissen 知っている	*ich* weiß *du* weißt *er* weiß	**wusste**	wüsste	**gewusst**
wollen ～したい	*ich* will *du* willst *er* will	**wollte**	wollte	**gewollt** (wollen)
ziehen 引く		**zog**	zöge	**gezogen**

本文校閲、吹き込み：
Ute Schmidt

表紙デザイン、イラスト：
高本 麻美子

テキスト出典：
Lektion 2
Heinrich Hannover: *Herr Böse und Herr Streit.* (Winfried Ulrich, Franz Josef Tripp (Hg.): Deutsche Kurzgeschichten, 2.-3. Schuljahr. Stuttgart: Philipp Reclam jun., 1977）

Lektion 9
Ludwig Reiners: *Vom deutschen Stil.* (Der Große Duden, Band 2: Stilwörterbuch der deutschen Sprache. Fünfte Auflage. Mannheim: Dudenverlag, 1963)

写真出典：
19頁
DK Eyewitness Travel Guide: Berlin (2018). London: Dorling Kindersley Limited, 2017. S. 145.

56頁
Brockhaus Enzyklopädie (17. Auflage), Band 11. Wiesbaden: F. A. Brockhaus, 1970. S. 632.

写真協力：
小沼 和子
早川 文人

荻原　耕平（おぎわら　こうへい）
　東京都立大学非常勤講師
畠山　寛（はたけやま　ひろし）
　駒澤大学教授
高本　教之（たかもと　のりゆき）
　東京都立大学助教

Ⓒ ドイツ語トライアングル
　やさしい中級テキスト９章

2018 年 2 月 1 日　初版発行	定価　本体 2,000 円(税別)
2024 年 3 月 1 日　　5 版発行	

編著者　　荻　原　耕　平
　　　　　畠　山　　　寛
　　　　　高　本　教　之
発行者　　近　藤　孝　夫
印刷所　　萩原印刷株式会社

発行所　　株式会社　同学社
〒 112-0005　東京都文京区水道 1-10-7
電話 (03)3816-7011 (代表)　振替 00150-7-166920

ISBN 978-4-8102-0698-2　　　Printed in Japan

許可なく複製・転載することならびに
部分的にもコピーすることを禁じます。

最新刊　APOLLON 第4版

アポロン独和辞典

根本・恒吉・成田・福元・重竹・堺・嶋﨑　［共編］
B6判・1864頁・箱入り・2色刷　　定価 本体 4,200 円（税別）
ISBN 978-4-8102-0007-2

「時代とともに歩む」最新の学習ドイツ語辞典！
初学者にやさしく、実用に堪える充実の内容

◆ 実用に十分な5万語を収録、「旬」のドイツ語を大幅増補
◆ すぐ読める親切なカナ発音付き
◆ 学習段階に応じ見出し語を5段階表示、CEFRレベルも併記
◆ 「読む・書く・話す」を強力に支援
◆ 枠囲み例文の100例文に、韻律の立体表記を採用
◆ 上記100例文のほか「日常会話」「発音について」などにも音声を用意
◆ ドイツが見える「ミニ情報」をアポロン君とアルテミスさんの会話調に

巻末付録　和独の部／日常会話／メール・手紙の書き方／音楽用語／環境用語／福祉用語
　　　　　建築様式／ドイツの言語・政治機構・歴史／ヨーロッパ連合と欧州共通通貨ユーロ
　　　　　発音について／最新の正書法のポイント／文法表／動詞変化表

やさしい！ドイツ語の学習辞典

根本道也　編著
B6判・770頁・箱入り・2色刷　　定価 本体 2,500 円（税別）　ISBN 978-4-8102-0005-8

◇ 見出し語総数約7000語、カナ発音付き
◇ 最重要語600語は、大きな活字で色刷り
◇ 最重要語の動詞や名詞の変化形は一覧表でそのつど表示
◇ 一段組の紙面はゆったりと見やすく、目にやさしい
◇ 巻末付録：「和独」「簡単な旅行会話」「文法」「主な不規則動詞変化表」

 同学社　〒112-0005 東京都文京区水道 1-10-7
　　　　　　Tel 03-3816-7011　Fax 03-3816-7044　http://www.dogakusha.co.jp/